Henry Thorau, *Unsichtbares Theater*

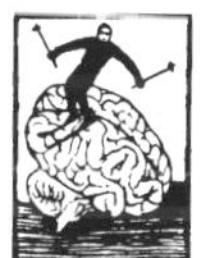

Henry Thorau

Unsichtbares Theater

Mitarbeit Marina Spinu

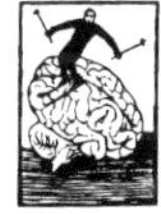

Alexander Verlag Berlin

Zweite Auflage

Alexander Wewerka, Fredericiastr. 8, D-14050 Berlin
www.alexander-verlag.com, info@alexander-verlag.com

Redaktion und Lektorat: Christin Heinrichs-Lauer
Satz und Layout: Antje Wewerka
Umschlaggestaltung: Antje Wewerka
(Abbildung: Privatarchiv Henry Thorau)
ISBN 978-3-89581-276-7
Printed in the EU (February) 2021

INHALT

Vorbemerkung 7

I. Zur Geschichte des *Unsichtbaren Theaters* 13
Vom Agitprop zum brasilianischen Straßentheater 13
Politisches Straßentheater in Brasilien (1961–1968) 16
Stadtguerilla und Guerilla Theatre 22
Teatro Jornal – Zeitungstheater 26
Entstehung des *Theaters der Unterdrückten* 31
Unsichtbares Theater: subversivste Form des *Theaters der Unterdrückten* 32

II. Das theoretische Konzept des *Unsichtbaren Theaters* 37
Unsichtbares Theater ist Theater 41
Themen und Themenwandel 43
Die Schauspieler des *Unsichtbaren Theaters* 48
Die ›ZuSchauspieler‹ des *Unsichtbaren Theaters* 52
Realität und Fiktion 54

III. Das Praxis-Konzept des *Unsichtbaren Theaters* 60
Unsichtbare Theateraktion 62
Schauplatz und Spielort 63
Szenario 66
Kernszene 68
Eklat 69
Wiederholung 71
Protagonist und Antagonist 72
Satellitenszenen 73
Akteure der Satellitenszenen 74
Emotion und Reflexion 75

Das Forum des *Unsichtbaren Theaters* 78
Gemeinsame Inszenierung und Rollenkarussell 80
Figurencharakterisierung 81
Timing 83
Multifunktionen 83
Spielleiter 84
Joker-Akteure 85
Security 85
Protokollanten 86
Verantwortung für die Mitwirkenden 86

IV. Aufzeichnungen aus einem Workshop 90
Workshop-Schema 90
Erster Workshoptag 95
Zweiter Workshoptag 108
Vignetten 110
Black in Berlin 111
Gay and proud! 120
Tequila Sunrise for two 131
Dritter Workshoptag 146
Die Aufführung *Rassisten wie wir* 148
Vierter Workshoptag 158
Weitere Unsichtbare Theateraktionen 159
Der Heiratsantrag 159
Mit 66 Jahren, da fängt das Leben an! 175

Glossar 207
Quellen und weiterführende Literatur 212
Kontaktadressen 217
Über den Autor 218

Vorbemerkung

Unsichtbares Theater ist gesellschaftlich eingreifendes Theater, das sich nicht als Theater zu erkennen gibt. Es findet statt vor Zuschauern, die nicht wissen, daß sie Zuschauer sind. Sie erleben eine Theaterszene als reales Ereignis im Alltag und nicht als Theater – Grundbedingung des *Unsichtbaren Theaters*. Beim *Unsichtbaren Theater* handelt es sich um zehn- bis dreißigminütige Kurzszenen, die in verdichteter Form Konflikte, Situationen alltäglicher Unterdrückung und struktureller Gewalt darstellen, wie sie im öffentlichen Raum geschehen sind oder jederzeit geschehen können.

Keine Theaterform fordert den Zuschauer so stark heraus, auf das Erlebte zu reagieren, Stellung zu beziehen, das Beobachtete zu diskutieren.

Seit der Brasilianer Augusto Boal (1931–2009), der Begründer des *Theaters der Unterdrückten*, 1972 mit dieser Theaterform in Lateinamerika zu experimentieren begann, wird *Unsichtbares Theater* mit seinem Namen in Verbindung gebracht. Augusto Boal hat das *Unsichtbare Theater* nicht erfunden, er gehört jedoch zu denen, die zu Zeiten des wieder auflebenden Agitprop in den 1960er Jahren sein subversiv-emanzipatorisches Potential erkannten. Er hat ihm den Namen *Teatro Invisível* gegeben und sich als erster um eine theoretische Fundierung bemüht.

Das *Unsichtbare Theater* ist eine der provokativsten Formen des Boalschen *Theaters der Unterdrückten*. Es fasziniert und polarisiert gleichermaßen. Die einen verteidigen seinen aufklärerischen Impetus, die anderen werfen ihm Manipulation vor. Es gibt kein Theater offener Dramaturgie, das sich in dieser Form auf der Grenze zwischen Fiktion und

Realität bewegt und dies zugleich mit einem politischen Ansatz verbindet.

Dies stellt hohe Anforderungen an die Schauspieler: Das *Unsichtbare Theater* verlangt sowohl den Brechtschen wie den von Stanislawski und Strasberg geprägten Schauspieler-Typus, der zudem über ein hohes Improvisationstalent, Reaktionsschnelligkeit und Spontaneität verfügt und bereit und in der Lage ist, sich gesellschaftlich zu engagieren. Die Schauspieler agieren aus ihrer Rolle heraus, die Zuschauer hingegen agieren und reagieren nicht auf einer fiktionalen Ebene, sondern aus ihrer Alltagsrealität heraus.

Heute wird *Unsichtbares Theater* in der ganzen Welt praktiziert, auch bei uns im deutschsprachigen Raum. »Unterdrückung gibt es nicht nur in Diktaturstaaten, sondern auch in Europa – auch wenn sie sich hier subtiler, verdeckter gibt. Auch hier kann *Unsichtbares Theater* sie entlarven helfen«, betonte Boal.

Ich selbst habe Augusto Boal 1975, ein Jahr nach der Nelkenrevolution in seinem ersten europäischen Exilland Portugal kennengelernt. Als in Brasilien nach langen Jahren der Diktatur der politische Frühling anbrach, habe ich ihn 1979, nach langen Jahren des Exils, auf seiner ersten Reise nach Brasilien begleitet. Es entstand eine bis zu seinem Tod dauernde Freundschaft und eine langjährige Zusammenarbeit. Wir führten in Rio de Janeiro unseren ersten gemeinsamen Workshop zum *Theater der Unterdrückten* durch, und 1980, in einem Strandcafé an der Copacabana, leitete ich Gruppen zum erstenmal bei Inszenierungen des *Unsichtbaren Theaters*. Schon damals richtete Augusto Boal sein besonderes Interesse mehr und mehr auf das *Forumtheater* und später auf das daraus entwickelte *Legislative Theater (Teatro Legislativo)*.

Ging es in Brasilien wie generell in Lateinamerika zu jener

Zeit eher um die Kluft zwischen Arm und Reich, um Hunger und Not, Zensur und Polizeigewalt, so traten in Europa andere Themen in den Vordergrund: Arbeitslosigkeit, Sexismus, Rassismus, Diskriminierung von Migranten und Minderheiten, Umweltprobleme und ›Konsumterror‹.

Waren für Boal anfangs die ›Sprengkraft‹ eines Konflikts und auch das Spektakuläre der theatralen Umsetzung ausschlaggebend gewesen, so wandelte sich im Laufe der Jahre und auf dem Weg von Lateinamerika nach Europa nicht nur das Themenspektrum, sondern auch der Aufführungsstil, der sich den veränderten kulturellen Praktiken unter anderen gesellschaftlichen Bedingungen anpaßte. Bis heute hat *Unsichtbares Theater* nicht an Brisanz und an Faszination verloren. Im Kontext der Re-Politisierung des Theaters wird diese Theaterform nicht nur von immer mehr Gruppen der Freien Szene und gesellschaftlich engagierten Organisationen praktiziert, sondern sie wird inzwischen sogar curricular verankert.

Ein merkwürdiges Phänomen: Das *Unsichtbare Theater* ist mittlerweile gängige Praxis, als Stichwort in einschlägigen Fachlexika vertreten, doch wird es bis heute von den Medien wie von der Theaterwissenschaft nur am Rande wahrgenommen. Das mag damit zu tun haben, daß es seinem methodischen Ansatz entsprechend ›unsichtbar‹ bleiben will und sich der Rezeptionsforschung und Aufführungsanalyse entzieht.

Das vorliegende Buch *Unsichtbares Theater* will dazu beitragen, diese ›klandestine‹ Methode mehr ins Licht der öffentlichen Wahrnehmung zu rücken, und zwar aus dem Blickwinkel des Praktikers wie auch des kritischen Beobachters.

Als langjähriger Mitarbeiter Augusto Boals habe ich nicht nur die erste deutsche Auswahl seiner Schriften (1979) herausgegeben und übersetzt, sondern über drei Jahrzehnte in Brasilien und europäischen Ländern bei vielen *Unsichtbaren*

Theateraktionen mitgewirkt, in zahlreichen Workshops die Methode und ihre Techniken (über Boals Grundansatz hinausgehend, doch in seinem Sinne als *work in progress*) einem entsprechenden europäischen und deutschsprachigen Kontext angepaßt und erweitert, und die Proben sowie die schwer faßbaren Interventionen im öffentlichen Raum protokolliert und dokumentiert. Die Tatsache, daß Augusto Boal *Unsichtbares Theater* nicht mehr praktiziert hat, daß er nicht mehr über *Unsichtbares Theater* publiziert hat, war für mich eine wichtige Motivation, dieses Buch zu schreiben.

Das vorliegende Buch skizziert die Geschichte und Entwicklung des *Unsichtbaren Theaters* und versteht sich als Anleitung für die Praxis. Es gliedert sich in vier Teile. Der erste Teil verortet das *Unsichtbare Theater* im zeitgeschichtlichen und theatergeschichtlichen Kontext, der zweite stellt das von Augusto Boal entworfene theoretische Konzept des *Unsichtbaren Theaters* vor, der dritte Teil widmet sich der Weiterentwicklung und aktuellen Anwendung. Der empirische vierte Teil beschreibt in einzelnen Schritten die Entstehung und Erarbeitung einer *Unsichtbaren Theateraktion*: ausgehend von der gemeinsamen Themenwahl und den ersten Improvisationen, über den ›Lokaltermin‹ zur Wahl des ›Tatortes‹, bis hin zur Präsentation der Szenen mit Auf- und Abtritt, geprobten Dialogen, Repliken und Re-Aktionen der Zuschauer und der anschließenden Auswertung. Damit liegt nun – nach dem von mir aufgezeichneten ersten Protokoll eines europäischen Workshops von Augusto Boal im Sommer 1978 in Italien, bei dem das *Forumtheater* im Mittelpunkt stand (veröffentlicht in dem bei Suhrkamp erschienenen Auswahlband aus Boals Schriften 1979) – erstmals ein ausführlicher Bericht über *Unsichtbares Theater* vor.

Unsichtbares Theater versteht sich als Handbuch aus der Praxis und wendet sich an Theaterpraktiker, Theaterpädagogen, Studierende und alle diejenigen, die mit Zivilcourage und Spaß an der Provokation unsere Gesellschaft auf den Prüfstand stellen, Denkanstöße geben und zu einer Kultur des Hinschauens statt des Wegschauens beitragen wollen.

Ich widme dieses Buch Lisa Kolb-Mzalouet und ihren Wiener Theaterpädagogik-Lehrgangsgruppen und natürlich meiner Berliner Gruppe, die unsichtbar bleiben möchte.

Henry Thorau

Hinweise

Die theoretischen Texte basieren auf den ersten vier Sammelbänden Augusto Boals zum *Theater der Unterdrückten* (nur in diesen hat er sich mit dem *Unsichtbaren Theater* auseinandergesetzt) sowie Interviews und gemeinsamen Erfahrungen aus der Praxis.

Alle im Text erwähnten Titel finden sich in der Literaturliste, ausgewählte Literatur zum jeweiligen Thema (Agitprop, Guerillatheater, Lateinamerika/Brasilien, Politik) ist in der gegliederten Bibliographie angeführt.

Die Boal-Zitate wurden, wenn nicht anders angegeben, vom Verfasser (H. Th.) aus dem portugiesischen Original (oder der von Boal selbst überprüften Übertragung aus dem Spanischen) übersetzt. Die Jahres- und Seitenangabe in Klammern bezieht sich auf die als Quelle benutzte portugiesische Ausgabe. Deutsche Titel kommen im Text auch in Kurzform *(Übungen und Spiele)* vor.

In den Originalveröffentlichungen in *The Drama Review* findet sich durchgehend die Schreibweise ›Guerrilla‹, im Portugiesischen ›Guerrilha‹. Bei uns hat sich inzwischen ›Guerilla‹ durchgesetzt, und diese Schreibweise wird auch hier im Text praktiziert. Für Boals Wortprägung »espect-ator« gebraucht man zunehmend das engl. *spect-actor* oder dt. »ZuSchauspieler«. Es ist ein Buch ohne Abbildungen – denn das *Unsichtbare Theater* ist unsichtbar und soll als Theater unsichtbar bleiben. Das gilt vor allem für seine Schauspieler.

Aus Gründen der besseren Lesbarkeit wird auf die weiblichen Endungen der Substantive verzichtet bzw., wo immer möglich, einer geschlechtsneutralen Form der Vorzug gegeben, die sich immer mehr durchsetzt (nach dem Muster von ›Studierende‹, das erfolgreich ›Studenten‹ und ›Studentinnen‹ ersetzt): Handelnde, Beobachtende, Zuschauende. Die Anerkennung des weiblichen Subjekts versteht sich bei einer Methode wie dem *Theater der Unterdrückten* von selbst!

I. ZUR GESCHICHTE DES *UNSICHTBAREN THEATERS*

Vom Agitprop zum brasilianischen Straßentheater

Im Foyer des legendären Teatro Colón in Buenos Aires, vor einer Galavorstellung von Giuseppe Verdis Oper *La Traviata*, bricht ein junger Mann ohnmächtig zusammen. Einige Zuschauer leisten sofort Erste Hilfe, unter ihnen ein Arzt. Er diagnostiziert »chronische Unterernährung«. Die Umstehenden zeigen sich schockiert, sie kommentieren Elendsreportagen über Entwicklungsländer, mangelnde Solidarität. Und schon fordern einige die anwesenden Damen und Herren auf, den Gegenwert ihrer Eintrittskarten als Geldspende zur Verfügung zu stellen, damit der junge Mann sich etwas zu essen kaufen kann. Sie rechnen aus, was man für ein Opernticket alles bekommt, wieviel Fleisch, Salat, Milch usw. ... Einige Operngäste spenden spontan. Die, die sich abweisend verhalten, müssen sich fragen lassen, ob ihr Kunstgenuß die Grundnahrungsmittel aufwiege, mit denen ein Arbeitsloser sich und seine Familie ernähren könnte.

Vor dem Schaufenster eines Feinkostgeschäfts, vor einer Kulisse von Schinken, Würsten, Käse, Kaviar und Ananas, bricht ein ärmlich gekleideter junger Mann zusammen. Ein anderer kniet neben ihm nieder, öffnet ihm den Hemdkragen. Sofort sammeln sich Passanten um die beiden. »Was fehlt ihm?« – »Was ihm fehlt? Was zum Essen fehlt ihm! Ist Ihnen so etwas noch nicht vorgekommen?« »Alle Tage«, nickt ein anderer, »auch ich bin arbeitslos!« Und schon ist das Gespräch im Gange. Zufällige Passanten führen es über ein nicht zufälliges Thema. Es ist das Thema des Tages. Und das blendende Delikatessenschaufenster über dem vor Hunger Ohnmächtigen lenkt die Assoziation des Dialogs in bestimmte Richtung, mit unfreundlicher Erwähnung des Gegensatzes zwischen den feinen Kundschaften des teuren Delikatessenladens und dem Ohnmächtigen auf dem kalten Asphalt.

Wie sich die Szenen gleichen! Doch fast ein halbes Jahrhundert und ein Weltmeer liegen zwischen ihnen. Die Szene vor dem Delikatessengeschäft ereignete sich 1930 auf der Friedrichstraße in Berlin, sie wurde von der Agitproptruppe »Die Ketzer« unter Leitung von Béla Balázs gespielt, damals künstlerischer Leiter des Arbeiter-Theater-Bunds Deutschlands. (Balázs 1977: II 452 f.)* Die Szene im Opernfoyer hat der Brasilianer Augusto Boal 1973 mit seiner Schauspielergruppe »Machete« im argentinischen Exil aufgeführt. (Boal 1977: 123) Unnötig zu sagen, daß sowohl der ›Arzt‹ als auch die zu Spenden aufrufenden Opernbesucher in Wirklichkeit Schauspieler waren.

Beide, Béla Balázs wie Augusto Boal, die kommunistische Agitproptruppe der Weimarer Republik wie die Gruppe um den brasilianischen Exil-Regisseur im damals noch relativ liberalen Argentinien, hatten mit sicherem Theaterinstinkt das Agitationspotential einer solchen Inszenierung genutzt.

---

* Der Arbeiter-Theater-Bund, A.Th.B.D., war eine Organisation der Kommunistischen Partei, er zählte 1930 fast zehntausend Mitglieder, ein »Kampftheater«, so Balázs, das nicht Bühnenstile, sondern die Welt ändern wollte. Er wurde noch vor Hitlers Machtantritt verboten, früher als die Kommunistische Partei selbst.

Parallelen drängen sich geradezu auf. Was die beiden Szenen über Jahrzehnte verbindet, ist, in weitestem Sinn, der aufklärerische Impetus, die intendierte Sensibilisierung für politisch-gesellschaftliche Probleme, wobei nicht übersehen werden darf, daß die Theateragitatoren der Weimarer Zeit im Unterschied zu Boal und seiner Gruppe gezielt Wahlpropaganda für die Kommunistische Partei betrieben.

Die Agitpropbewegung der 1920er und 1930er Jahre erlebte in den 1960er Jahren ein erstaunliches Revival in Europa wie auch in den USA. Allerdings war der politische Hintergrund nicht der gleiche wie in der Weimarer Republik.

In den USA entstand das politische Straßentheater im Kontext der Bürgerrechtsbewegung (Civil Rights Movement) und des Protests gegen den Vietnamkrieg, es wurde – vor allem von den Gruppenmitgliedern selbst – oft summarisch als »Guerillatheater« bezeichnet.

Im damaligen ›Westdeutschland‹ formierte sich die Neue Agitprop- bzw. Straßentheaterbewegung im Zuge des europaweiten studentischen Protests mit seinem Höhepunkt im Pariser Mai 1968 als Reaktion auf die konservative, die ›bleierne‹ Zeit des Wirtschaftswunders. Unmittelbaren Anlaß zur Gründung vieler Gruppen gab im Frühjahr 1968 die Kampagne gegen die Verabschiedung der Notstandsgesetze. Erste Auftritte von Straßentheatergruppen fanden 1968 zum Jahrestag des Militärputsches in Griechenland statt. Protest gegen den eigenen ›autoritären‹ Staat und Solidarität mit dem ›antiimperialistischen Kampf‹ der Befreiungsbewegungen der Dritten Welt, mit Vietnam und Lateinamerika, blieben die Konstanten des westdeutschen Straßentheaters. Es waren auch die Jahre, in denen Günter Wallraff als *undercover*-Reporter über Ausbeutung am Arbeitsplatz und die Situation von ›Gastarbeitern‹ im Wirtschaftswunderland zu recherchieren begann, und »Hoffmanns Comic Teater« mit Rollenspielen Lehrlinge für ihre Rechte kämpfen lehrte.*

Politisches Straßentheater in Brasilien (1961–1968)

Fast zeitgleich mit dem Aufkommen des politischen Straßentheaters in den USA und noch vor dem neuen politischen Straßentheater in Westeuropa erlebt Brasilien (und Lateinamerika generell) in den 1960er Jahren erstmals politische Straßentheateraktionen größeren Ausmaßes.

Allerdings sind, trotz augenfälliger Ähnlichkeiten, die Unterschiede größer als die Gemeinsamkeiten. Wenn auch in eine weltweite Protestbewegung eingebunden, verfolgte das politische Straßentheater in Lateinamerika andere Ziele, unterschied es sich doch in seiner Thematik von den Bewegun-

---

* Hoffmanns Comic Teater machte als eine der ersten deutschen Straßentheatergruppen nach dem Krieg, Ende der 1960er und 1970er Jahre in Berlin, Frankfurt am Main, später dann in Dortmund und in Unna mit ihrem Lehrlings-, Improvisations- und Mitspieltheater Furore. Ganz im Brechtschen Duktus des kommunistischen Laientheaters der Weimarer Zeit verankert, lauteten die manifestartigen Thesen und Ziele: »Agitation muß die populäre Verbreitung von Wissen über die gesellschaftlichen Zusammenhänge, gekoppelt mit der Propagierung der Lust an der schöpferischen Veränderung der Gesellschaft, sein. Agitation muß die konkreten und realutopischen Chancen einer menschlichen Gesellschaft, einer menschlichen Zukunft zeigen, und sie muß diese Chancen detailliert zeigen, sie muß die Ansatzpunkte dafür zeigen: zu Hause, in der Familie, im Betrieb [...]. Geduld und proletarische Ungeduld müssen als Waffen sinnfällig gemacht werden, als Werkzeuge zur gesellschaftlichen Veränderung und als Werkzeug einer schöpferischen, das heißt: revolutionären Gesellschaft. Das sind Themen für ein Agitations-Theater, das es zu entwickeln gilt.« (Hüfner 1970: 253).

gen in den USA und Westeuropa. Deutlich stärker knüpfte das schon Ende der 1950er Jahre auftretende politische Straßentheater in Brasilien an Agitpropformen der Weimarer Zeit an, die ihrerseits vom sowjetischen Agitproptheater im postrevolutionären Rußland beeinflußt waren.

Der gesellschaftlich-politische Kontext in Brasilien war ein anderer als in Westeuropa und den USA der 1960er Jahre und glich mehr dem der Weimarer Republik im aufkommenden Nationalsozialismus. Für Brasilien selbst ist, entgegen der lange verbreitenden Vorstellung »Lateinamerika gleich Diktatur«, zu differenzieren zwischen der Zeit *vor* und *nach* der Errichtung der Militärdiktatur.

So steht der Zeitraum vom Ende der 1950er Jahre, während der Präsidentschaft Juscelino Kubitscheks (1956–1961), in die der Bau der neuen Hauptstadt Brasília (1960) fällt, bis zum Militärputsch von 1964, im Zeichen eines (auch offiziell propagierten!) linksorientierten Nationalismus und gegen die USA gerichteten ›Anti-Imperialismus‹. Vor allem seit der erfolgreichen kubanischen Revolution (1959) und der gescheiterten Schweinebucht-Invasion (1962) hatte Brasilien diesen Kurs eingeschlagen: Präsident Jânio Quadros verlieh 1961 Che Guevara den höchsten brasilianischen Zivilorden, nahm Beziehungen zu der Sowjetunion und Volkschina auf, sein Nachfolger, Präsident João Goulart, plante die Verstaatlichung ausländischer Gesellschaften.

»Conscientização« (Bewußtseinsbildung) lautete das Schlüsselwort der 1960er Jahre. Bis 1964 war die politische, staatsbürgerliche Bewußtseinsbildung breiter Bevölkerungsschichten das Ziel einer von Gewerkschaften und Kirchen und sogar von Behörden und Gremien geförderten umfassenden Volkskulturbewegung.

Das Theater spielte dabei eine wichtige Rolle. An vorderster

Front: das Teatro de Arena in São Paulo, das erste kollektiv arbeitende Theaterensemble und das erste brasilianische Theater, das sich explizit als politisches Theater verstand.

›Eingreifendes Theater‹ (Teatro de intervenção) praktizierten aber vor allem die von Mitgliedern des Teatro de Arena mitbegründeten CPCs (Centros Populares de Cultura), die Volkskulturzentren. Noch unter dem Eindruck von Tagesereignissen entwickelten die meist von Studenten organisierten CPC-Theatergruppen kurze Stücke, sogenannte *autos de rua*, die nationale und internationale Themen aufgriffen und auf LKWs, vor Fabriktoren und auf Marktplätzen aufgeführt wurden. Gern inszenierten sie satirische ›Blitzstücke‹, »peças relâmpagos«, wie sie die brasilianische Theaterwissenschaftlerin Alves de Lima in Anlehnung an die ›Blitzszenen‹ des Weimarer Agitprop nennt. Sie unterstützten linke Wahlkampfkandidaten und riefen z. B. 1962 nur wenige Stunden nach der von Präsident John F. Kennedy gegen Kuba verhängten Seeblockade in dem auf der Freitreppe des Teatro Municipal im Zentrum von Rio de Janeiro aufgeführten *Auto do bloqueio furado* (frei übersetzt »Die durchlöcherte Blockade«) zu Solidarität mit Kuba auf. Sie prangerten die wachsende Inflation und Verteuerung der Lebensmittel an (*Auto do tutu tá no fim,* »Leere Bohnentöpfe«), mit *Auto dos cassetetes (Spiel von den Schlagstöcken)* wurde sofort auf den Schlagstockeinsatz der Polizei reagiert, um Hochschulreform ging es in der satirischen Revue *Auto dos 99%* – der Titel spielt darauf an, daß kaum ein Prozent der Studenten aus der Arbeiterklasse kam. Der Sketch *Professor Vitalício de Tal, catedrático,* »Der ewige Ordinarius«, ein grober Studentenulk, weist noch am ehesten eine Parallele zu westdeutschen Sponti-Aktionen gegen den ›Muff unter den Talaren‹ auf.

Selbst über Themen wie die Entstehung des Mehrwerts sollte

das ›Volk‹ belehrt werden: *A mais-valia vai acabar, seu Edgar* (»Der Mehrwert hat irgendwann ein Ende, Gevatter Edgar«), hieß das Lehr-Musical von Oduvaldo Vianna Filho, das über die Marxsche Mehrwerttheorie aufklären wollte, ein Titel, der nach dem bundesdeutschen 68er Slogan »Revolution ist machbar, Herr Nachbar« klingt. Doch vermutlich waren Vianna Filho und seiner Gruppe weder der 68er Spruch noch das Lehrstück *Der Mehrwert* der Berliner »Tempo-Truppe« bekannt, das 1930 die Zuschauer vor dem Hintergrund der Weltwirtschaftskrise über Hintergründe der politisch-ökonomischen Situation informieren sollte (siehe Hoffmann/Hoffmann-Ostwald 1977: II 166 ff.). Mit Schriften von Marx und Brecht waren brasilianische Intellektuelle jedenfalls vertraut und daß Erwin Piscator mit seinen ›proletarischen Revuen‹ zum Vorbild des brasilianischen Agitprop wurde, offenbaren nicht zuletzt die politischen Revuen des Teatro de Arena und des »Grupo Opinião«.

Die Ähnlichkeiten zum Agitprop der Weimarer Zeit und dem sowjetrussischen Agitprop sind frappierend. Die brasilianischen Straßentheatermacher entdeckten alte und volkstümliche Theaterformen, die sie mit neuen Inhalten füllten: neben dem entsakralisierten mittelalterlichen *auto* auch die Moritaten in der brasilianischen Bänkelsängertradition *(poemas de cordel)*, Szenarien für Samba-Umzüge *(enredos)* und traditionelle Spiele (etwa *Bumba meu boi*), die mit neuen Texten aktualisiert wurden. Besonders beliebt, wie im deutschen Agitprop, war die Satire. Kurz, es wurden all die Formen praktiziert, die Augusto Boal 1975 in seinem Buch *Técnicas latino americanas de teatro popular* als ›lateinamerikanische Volkstheatertechniken‹ zusammenfaßte, um sie später dem Theater der Unterdrückten einzugliedern. Künstlerische und ideologische Gesinnungsgenossen waren politische Volkstheaterensembles wie Rajatabla (Venezuela), das Teatro Escambray in Kuba, das Teatro Campesino von Luis Valdez in den USA.

Die künstlerischen Mittel wurden der politischen Absicht untergeordnet, d. h. dem Ziel, den großen gesellschaftlichen Umbruch vorzubereiten. Denn, das schien gewiß, der Sieg der Revolution stand vor der Tür: »Morgen kommt das Volk an die Macht« – erinnerte sich ein Studentenführer an die euphorischen Illusionen von damals. (Martins 1980: 81)

Landesweit unterstützten progressive Intellektuelle die Reformprojekte von João Goulart. »O nosso presidente de esquerda«, »unseren Linkspräsidenten«, nennt ihn Boal in seiner Autobiographie. (Boal 2000: 185) Weitreichende Bodenreformen und die Verstaatlichung ausländischer Gesellschaften waren geplant, ein nationales Programm zur Erwachsenenalphabetisierung, der *Plano Nacional de Alfabetização*, wurde 1964 in Angriff genommen. Initiator und Motor war Paulo Freire, der Begründer der ›Pädagogik der Unterdrückten‹.

Nicht nur unter jungen Intellektuellen herrschte in Brasilien die Erwartung einer sozial(istisch)en Revolution nach kubanischem Vorbild.

Ende März 1964 aber wurde Präsident João Goulart durch einen Putsch gestürzt. Mit der Errichtung der Militärdiktatur, vor allem nach dem »Putsch im Putsch« am 13. Dezember 1968, der Auflösung des Kongresses durch General Costa e Silva sowie der Verabschiedung des Institutionellen Akts Nr. 5 (AI-5), der den Präsidenten der Republik mit nahezu unbeschränkten Vollmachten ausstattete, Bürgerrechte abschaffte und praktisch jegliche politische Betätigung verbot, war die Zeit der *conscientização*, der politischen Bewußtseinsbildung, vorbei. Über 20 Jahre, von 1964 bis 1985, sollte das Militär an der Macht bleiben.

Für die Militärdiktatur wurde das Theater zum Staatsfeind Nr. 1. Jederzeit konnte eine Aufführung von der Zensur verboten, konnten Theater von der Polizei geräumt werden (Bertolt Brecht wurde steckbrieflich gesucht!). Noch aber meinten die Theaterleute, sie könnten so weitermachen wie bisher: ironisch verfremdend, parodistisch belehrend auf Brecht-Weillsche Art. In der falschen Annahme, Klassiker des Welttheaters seien für die Zensur tabu, brachte Augusto Boal 1964 als Satire auf aktuelle Korruption und Heuchelei eine werkgetreue Inszenierung von Molières *Tartuffe* heraus. Man wagte politische Nummernrevuen nach dem Vorbild von Erwin Piscators *Revue Roter Rummel* (1924), in die subversive Texte und Melodien einschmuggelt wurden, bekanntestes Beispiel war 1965 die Show *Liberdade, Liberdade.* Noch im August 1968 veranstaltete das Teatro de Arena den ersten freien »Meinungs-Markt« *(Feira de Opinião) Que pensa você do Brasil de hoje?* (Was halten Sie vom heutigen Brasilien?), auf dem Stückeschreiber in Minidramen offen oder verschlüsselt die gesellschaftlichen Verhältnisse Brasiliens anprangerten.

Doch dann begann die Zeit des Maulkorb-Theaters. Immer mehr glichen die politischen Bedingungen denen in Deutschland zu Beginn der 1930er Jahre, der Institutionelle Akt Nr. 5 stellte selbst die Notverordnungen der Weimarer Republik in den Schatten. Über 500 Theaterstücke seien in den Jahren der Militärherrschaft verboten worden, vermutet der bekannte Theaterkritiker Yan Michalski in seinem Buch *O palco amordaçado (Die geknebelte Bühne)* 1979.

1968, das Jahr, das in Europa und den USA den Höhepunkt der Protestbewegung markierte, bedeutete in Brasilien deren Ende und den Beginn der schlimmsten politischen Repression in seiner Geschichte.

Stadtguerilla und Guerilla Theatre

Während in Brasilien die Stadtguerilla mit Banküberfällen und Diplomatenentführungen zur blutigen Realität wurde, benutzten Theateraktivisten und Performance-Künstler in den USA den Begriff »Guerilla« geradezu inflationär als Theaterterminus und nahmen sich die Freiheit, durch partisanenhafte ›Überraschungsangriffe aus dem Hinterhalt‹ die gesellschaftlichen und politischen Verhältnisse aufzumischen.

Schon 1966 hatte Ronnie Davis, der Gründer der »San Francisco Mime Troupe«, den Aufsatz »Guerrilla Theatre« als Kampfansage an den offiziellen Kulturbetrieb publiziert. Geprägt hatte den Terminus Peter Berg, ein Mitglied seiner Straßentheatergruppe, in Analogie zu den Aktionen der vietnamesischen Partisanen. Der Theaterdozent und Theatermacher Richard Schechner verfaßte, in Anspielung auf das *Mini-Handbuch der Stadtguerilla* (*Minimanual do guerrilheiro urbano*, 1967) des Brasilianers Carlos Marighella, mit seiner Studentengruppe sogar ein »Guerrilla Theatre Handbook«. (Schechner 1970: 166)

»We decided to start a guerrilla theatre« – mit diesem Satz trat Richard Schechner am 4. Mai 1970 ans Mikrophon, als in seinem Seminar an der New York University bekannt wurde, daß die Nationalgarde von Ohio vier gegen die Kambodscha-Invasion protestierende Studenten der Kent State University erschossen hatte. Am nächsten Morgen wurde das von Schechner und seinen »Performance Studies«-Studenten gemeinsam erarbeitete Szenario *The Kent-State-Massacre* an zwei Stellen in New York (und einige Tage später auch in Washington) aufgeführt: Mehrere Vierergruppen von aneinander gefesselten Studenten wurden von Studenten in Army-Uniformen durch die Straßen von New York getrieben, mißhandelt, beschimpft und zuletzt ›erschossen‹, d. h., es wurde Blut über sie gekippt. Passanten, die einzugreifen versuchten oder lachten, wurden von den Uniformierten in die Aktion hineingezerrt und auf den Haufen der ›Toten‹ geworfen. (Schechner 1970: 136 ff., hier 164)

Boal sah im US-Guerillatheater, dessen Akteure sich als theatrale Freiheitskämpfer für eine bessere Gesellschaft gebärdeten, wohlfeiles Polit-Happening, das Mitwirkende und vor allem Zuschauer gefährdete und statt zur Aufklärung womöglich zur Eskalation staatlicher Gewalt beitrug.

Zwar definierte auch Boal sein *Unsichtbares Theater* als Theater, das »ohne Vorwarnung zuschlägt«, aber im Gegensatz zu dieser Art von Happening, dem Boal »Freisetzung von Energie als Selbstzweck« vorhielt, verfolge es eine »strukturierte Deutung der Realität«, um die »Energie auf bestimmte Ziele zu lenken«.

Wichtig war für Boal immer, innerhalb der Legalität zu wirken. Darum legte er unter lateinamerikanischen Diktaturen wie auch später in Europa Wert darauf, jeden Anschein von gesetzwidrigem Vorgehen zu vermeiden: »Das *Unsichtbare Theater* wie das *Theater der Unterdrückten* generell will Gesetze hinterfragen, nicht Gesetze brechen.« (Boal 1980: 121)

Ähnlichkeiten zwischen dem Guerillatheater und dem *Unsichtbaren Theater* sind dennoch unübersehbar.

Marc Estrin charakterisierte das ›Guerrilla Theatre‹ seiner Gruppe ›American Playground Washington D.C.‹ als »that form of theatre which does not identify itself as such. Theatre-which-pretends-not-to-be-theatre.« Und er betonte: »The purest form of guerrilla theatre never reveals itself.« (Estrin 1969: 76)

»*Unsichtbares Theater* darf sich nie als Theater zu erkennen geben«, forderte auch Boal. (Boal 1978: 40) Immer wieder hat

Boal diesen Satz betont: »Man darf dem Publikum niemals sagen, daß *Unsichtbares Theater* Theater ist, sonst verliert es seine Wirkung.« (Boal 1978: 40) Und ebenso wichtig war für ihn: »Die Zuschauer des *Unsichtbaren Theaters* wissen nicht, daß sie Zuschauer sind, und sollen es auch nicht erfahren! Sonst verwandeln sie sich in Zuschauer!« (Boal 1977: 112 f., 1980: 84)

»Das Spiel gibt sich als Realität aus, es verbirgt seinen Spiel- und Inszenierungscharakter, obschon alle Schritte der szenischen Aktion planvoll vorbereitet sind«, so Dieter Herms über Estrins Aktionen. (Herms 1973: 22)

Das gilt auch für Boal, der ebenfalls fordert, das *Unsichtbare Theater* müsse wie eine »ganz normale Theaterszene vorbereitet werden«. (Boal 1977: 112)

Vor allem aber verbindet die Wortführer des Guerillatheaters und Augusto Boal der Wunschtraum von Einflußnahme auf die Realität mit Hilfe des sich als Realität gebenden, nicht als Theater erkannten Theaters: »... guerrilla theatre creates new realities. (...) By acting as if certain things were true, it creates the conditions whereby they may *become* true.« So Marc Estrin, der sein Theater definiert als »Theatre which IS a reshaping of reality.« (Estrin 1969: 76)

Das *Unsichtbare Theater* versucht, laut Boal, »Ordnung in die Wirklichkeit zu bringen, ihre ›Tiefenstruktur‹ erkennbar zu machen«. (Boal 1980: 120) *Unsichtbares Theater* ist für ihn, wie sein *Theater der Unterdrückten* generell, Einübung einer verbesserten Wirklichkeit, Vorwegnahme, ja schon Teil dieser besseren Wirklichkeit.

Boal datiert seine »ersten Erfahrungen« mit *Unsichtbarem Theater* auf das Jahr 1972, in den USA bezeichnete Richard Schechners *Kent State Massacre* 1970 Höhepunkt und Ende des Guerillatheaters.

Die Vermutung, daß das US-amerikanische Guerillatheater in Brasilien bekannt war, liegt nahe. War Boal doch mit Richard Schechner seit dessen Brasilienbesuch befreundet. Nach seiner ›Verbannung‹ aus Brasilien reiste er auf Schechners Einladung nach New York (vgl. Boals Autobiographie 2000: 267, 290), bereits 1969/1970 leitete Boal Workshops in New York. Der Begriff »Guerilla«-Theater war in Brasilien nicht unbekannt. Wie Boal in seiner Autobiographie schreibt, wurde die von ihm und Freunden 1968 aufgeführte politische Revue *Feira de Opinião* in der brasilianischen Presse teils enthusiastisch, teils indigniert als »guerrilha teatral« bezeichnet.

Inzwischen war in Brasilien jedoch die echte Stadtguerilla in Aktion getreten. Die Staatsgewalt schlug mit äußerster Brutalität zurück. Ein Terrornetz überzog das Land. Die Volkskulturzentren (CPCs), die sich über ganz Brasilien verbreitet hatten, wurden zerschlagen, der Sitz der Nationalen Studentenvereinigung UNE in Rio de Janeiro ging in Flammen auf, Oppositionspolitiker, Wissenschaftler und Künstler wurden in die Emigration gezwungen.

Vorbei war die Zeit, da das Teatro de Arena mit Gianfrancesco Guarnieris *Eles não usam black-tie* (»Sie tragen keinen Smokingschlips«) 1958 das erste Arbeiterstück auf die Bühne gebracht hatte, in der hauseigenen Theaterwerkstatt Stücke zur brasilianischen Alltagsrealität geschrieben wurden, im angegliederten Schauspielerseminar das kollektive »Sistema Curinga« entwickelt worden war, das das »Privateigentum an der Rolle« abschaffte, und alle Schauspieler in permanentem Wechsel alle Rollen spielten. Vorbei war die Zeit, da das Teatro de Arena, so wie Brecht es sich wünschte, »das Theater in die Vorstädte« (Brecht GW 16: 671 f.) trug, Tourneen ins Landesinnere unternahm, unter freiem Himmel vor Bauern und Arbeitern spielte.

Nun waren, »unter Bedingungen des Terrors« (Asja Lacis über die Weimarer Notstandsgesetze), auch in Brasilien subtilere Formen politisch und künstlerisch emanzipatorischer Aktivität gefragt. Um wirken zu können, mußte sich das politische Theater tarnen, es mußte mit Brechtscher List vorgehen, möglichst im Rahmen der Legalität bleiben, um dem Staat keinen Anlaß zu noch härterem Eingreifen zu bieten.

Mit der Militärdiktatur war offen politisches Straßentheater undenkbar geworden. Als eine der ersten unauffällig subversiven, dennoch wirksamen Aufklärungsformen entwickelte sich zunächst das *Zeitungstheater.*

Teatro Jornal – Zeitungstheater

Am *Teatro de Arena* war noch vor Augusto Boals Emigration eine neue Theaterform entstanden, das *Teatro Jornal*: Gemeinsam übten Theaterleute und Zuschauer, Pressemedien ›wider den Strich zu lesen‹, nicht nur zwischen den Zeilen, um von der offiziellen Berichterstattung totgeschwiegene oder verzerrte Fakten dechiffrieren zu lernen.

Die Premiere – *O Teatro-jornal primeira edição* – fand am 22. September 1970 im »Areninha«, dem kleinen Saal über dem Teatro de Arena in São Paulo, statt. Hier präsentierte die 1970 am Teatro de Arena aus Nachwuchsschauspielern entstandene junge Gruppe »Núcleo 2« die ersten elf, später zwölf gemeinsam mit Boal entwickelten Techniken dramatisierter Zeitungslektüre, die ›richtiges‹ Lesen lehren sollten (Boal 1977: 54). Durch theatralische Bearbeitung von alltäglichen Zeitungsmeldungen und -berichten (szenisches Lesen, rhythmischen Vortrag – zu Marsch- oder Sambamusik! –, historisierendes, pantomimisch ergänztes Rezitieren von

Meldungen und Leitartikeln, Verfremdungen, ungewöhnliche Kopplungen etc.) sollten Hintergründe und Aussagen pointiert herausgearbeitet werden.

Auch diese Theaterform hat Vorläufer im historischen Agitprop, in der *Lebenden Zeitung*, mit der Arbeitertheatergruppen unter der zunehmenden Verfolgung subversive Informationsvermittlung und -aufbereitung praktizierten: »Wir spielten sogenannte ›Lebendige Zeitung‹. Geschah irgendein politisches Ereignis, das für die Arbeiter Bedeutung hatte, so spielten es die *Ketzer* eine Woche später. Wir brauchten keine Dekorationen. Wir kleisterten und zimmerten unsere Andeutungen selbst, und unser Publikum war genau im Bild.« (Balázs 1977: II 456)

Asja Lacis schrieb über die revolutionären Laientheater der Weimarer Zeit: »Sie legten besondere Findigkeit an den Tag und nutzten jede Möglichkeit, um unbemerkt von der Polizei aufzutreten.« (Lacis 1973: 128) Das galt auch im Brasilien der Militärdiktatur für die Kleingruppen, die *Teatro Jornal* praktizierten: »Wir spielten überall, wo die Polizei nicht jederzeit auftauchen konnte, hinter der Kirche, im Anatomiesaal der Medizinischen Fakultät, in Privatwohnungen«, erinnert sich Boal in seiner Autobiographie. (Boal 2000: 271)

Vorbild für die deutschen Agitproptruppen war die *Shivaja Gazeta* der sowjetischen Agitpropbrigaden *(Blaue Blusen)*, die 1927 überaus erfolgreich in Deutschland gastiert hatten. Doch die vermutete Verwandtschaft zwischen *Teatro Jornal* und dem sowjetischen Modell ist irreführend, denn im Unterschied zum *Teatro Jornal* hatten die in den 1920er Jahren aufkommenden sowjetischen Gruppen den Auftrag – ursprünglich unter der leseunkundigen Bevölkerung –, für die von der Regierung vorgegebenen Ziele und Maßnahmen zu werben. In einem zeitgenössischen Artikel der *Roten Fahne* war zu lesen:

»Die ›Blaue Bluse‹ ist eine Form der Agitation, eine aktuelle Bühne, die durch die Revolution geboren wurde, sie ist eine Montage politischer und allgemeiner Erscheinungen vom Standpunkt der Klassenideologie des Proletariats aus. (...) Wie man den *neuen Sowjet* wählt oder Michael den ewig Kranken in der Fabrik bekehrt, wie man die politischen Folgen des Trotzkismus kritisiert und karikiert oder den letzten und neuesten Beschluß des Rats der Volkskommissare von der Wirtschaftsfront in der Kritik populär macht, wie man auf die originellste Art von der Welt den rückständigsten Bauern Hygiene lehrt, wie man die Trunksucht bekämpft oder die schimpfende Moskauer oder Charkower Kleinbürgerin von den Vorzügen der Genossenschaft überzeugt usw.« (Hoffmann/Hoffmann-Ostwald 1977: I 253)

Auch die Ähnlichkeit des *Teatro Jornal* zum *American Living Newspaper* ist nur scheinbar. Dieses Programm wurde von der Regierung der USA auf Initiative des sozialpolitisch engagierten Dramatikers Elmer Rice (1892-1967) im Rahmen des *Federal Theatre Project* ab 1935 gestartet, um nach der Großen Depression von 1929 politische Erziehung und gesundheitliche Aufklärung zu betreiben und die Bevölkerung mit aktuellen Themen der Innen- und Außenpolitik vertraut zu machen. (Die Anregung dazu kam aus Sowjetrußland, wie Arent 1971: 57–59 [1938] vermerkt.)

Dabei ging es aber nicht um Dramatisierung einzelner Medienbeiträge, sondern um themenzentrierte Projekte. Im Unterschied sowohl von der sowjetrussischen nachrevolutionären Staatspropaganda als auch zu diesem Großprojekt im offiziellen Auftrag der US-Regierung, betrieb das brasilianische *Teatro Jornal* keine staatskonforme Indoktrination, sondern versuchte, ganz im Gegenteil, die Meinungsmanipulation der offiziellen Berichterstattung zu enttarnen.

Das politische Theater verschwand in Brasilien auch nach Errichtung der Militärdiktatur nicht ganz von der Straße, es wurde ›unsichtbar‹. Die ›Kerngruppen‹ *(núcleos)*, die vom Teatro de Arena in São Paulo ausschwärmten, wagten neben Zeitungstheater auch erste Versuche mit rudimentären Formen eines *Unsichtbaren Theaters*, die an die ›getarnten‹ Veranstaltungen der deutschen Agitpropbewegung in der Weimarer Republik erinnern.

Boal nannte diese einfache Vorform später »Detonante« oder »Detonadora«: Um politisches Denken anzustoßen, genüge schon ein inszenierter Wortwechsel zu einem brisanten Thema, sozusagen ein »Sprengsatz«, der sich ›spontan‹ an einer Straßenecke oder in einem Café entzündet und eine Diskussion auslöst. (Boal 1977: 121)

Verblüffend ist die Ähnlichkeit dieser Straßenszenen Boals mit Agit-Szenen aus der Weimarer Zeit, wie sie Béla Balázs in seinem Aufsatz »Theater auf der Straße« beschreibt, u.a. eine Wirtshaus-Szene seiner Arbeiterschauspieler, die nach dem Auftrittsverbot auf Theaterbühnen zu illegalen »unsichtbaren Schauspielern« geworden waren: »Unsere Truppe aber saß unter den Gästen, und unsere Zwischenrufe und lauten, im ganzen Lokal hörbaren Gespräche waren in sorgfältig niedergeschriebenen und inszenierten Dialogen festgelegt wie in einem Buchdrama. Wenn ahnungsloses Publikum mitmachte – um so besser. Auch das Improvisieren waren wir gewöhnt. Es war Commedia dell'arte aus dem Wedding oder in Neukölln anno 1931.« (Balázs 1977: II 456)

Mit der Etablierung der Militärdiktatur war das politisch-emanzipatorische Straßentheater in Brasilien in den Untergrund gegangen, auch zum Schutz der Schauspieler selbst. Augusto Boal haben alle Vorsichtsmaßnahmen nichts genützt.

1970 inhaftiert und gefoltert und erst nach internationalen Protesten auf freien Fuß gesetzt, mußte er Brasilien 1971 verlassen.

Eine Theaterära war zu Ende: Mit Boals ›Verbannung‹ war nicht nur das politische Theater, sondern eine ganze Generation von Dramatikern, Regisseuren und Schauspielern von der Bühne verbannt und der Entwicklung des brasilianischen Theaters insgesamt schwerer Schaden zugefügt worden.

Denn das Teatro de Arena – das kein ›Volkstheater‹ war, wie man öfter lesen kann – hatte sich nach konventionellen Anfängen mit Boulevardkomödien und psychologischen Stücken, John Steinbeck, Eugene O'Neill und Sean O'Casey, zu einem der bedeutendsten Theater in Brasilien und Lateinamerika entwickelt. (Einer der Höhepunkte war 1965 *Arena conta Zumbi* [*Arena* erzählt die Geschichte des schwarzen Freiheitshelden Zumbi], das erste brasilianische Polit-Musical, eine Aufführung, die zu internationalen Festivals eingeladen wurde.)

Bis zu seiner Emigration hatte Boal das Zeitungstheater praktiziert. Noch nach 1971 übten inzwischen über 40 *núcleos* mit Gemeindemitgliedern, Gewerkschaftern und Schülern, die regimetreue (und die Boulevard-)Presse mit theatralen Mitteln zu decouvrieren. Erstmals wurde ernst gemacht mit der ›Übereignung der Produktionsmittel des Theaters an die Zuschauer‹ (Boal 1977: 53), um Laien zu befähigen, ihr eigenes Theater zu machen, wie Boals explizites Ziel des Zeitungstheaters lautete, ihre eigene Kreativität zu fördern, entsprechend dem Agitpropbegriff des ›selbsttätigen Theaters‹ der Weimarer Zeit (vgl. Hüfner 1970: 11).

Entstehung des *Theaters der Unterdrückten*

Auf all diese Erfahrungen gestützt, entwickelte Augusto Boal im politischen Exil sein Konzept des *Theaters der Unterdrückten (Teatro do Oprimido)*, zuerst in Lateinamerika, ab 1974 in Europa.

Alle Formen des *Theaters der Unterdrückten – Zeitungstheater, Unsichtbares Theater, Forumtheater, Statuentheater* u. a. – entstanden als Antwort auf die Repression in Lateinamerika, zugleich waren sie zugeschnitten auf die gesellschaftlich-politischen Verhältnisse des jeweiligen Landes.

Im Exil hat Boal sein *Theater der Unterdrückten* theoretisch fundiert. Den Begriff selbst prägte er als Hommage an Paulo Freires *Pädagogik der Unterdrückten* (vgl. seine Autobiographie, Boal 2000: 299). Das Ziel: den ›Zuschauer‹ (im Theater wie im Leben) zum Akteur (im Theater wie im Leben), zum Autor, Regisseur und Protagonisten seines eigenen Lebens und gesellschaftlicher Veränderungen zu machen!

Erste Versuche mit dem *Unsichtbaren Theater (Teatro Invisível)*, die in Brasilien noch kurz nach Errichtung der Militärdiktatur, 1964–1968, stattgefunden hatten, können erst in Argentinien, Boals erstem Exilland für fünf Jahre, fortgesetzt werden, bevor nach dem Militärputsch von 1976 auch hier eine Diktatur errichtet wird.

In Peru glaubte Boal 1973, daß die Unterdrückten nicht nur auf der *Forumtheater*-Bühne zu ›Protagonisten‹ werden, sondern das ›Volk‹ in der Realität auf dem Weg an die Macht sei. Boal setzte große Erwartungen in die Revolutionsregierung von General Velasco Alvarado (1968–1975), der gute Beziehungen zur Sowjetunion und zu Kuba unterhielt, ausländische Erdölgesellschaften verstaatlichte, die Großgrundbesitzer enteignete, eine Bildungsreform durchführte, die u. a.

die Indiosprache Quechua zur Staatssprache erhob. Neben dem Forumtheater (Teatro Forum) entwickelte er hier das Statuen- bzw. Bildertheater (Teatro Imagem) – die ›Sprache‹ des Theaters als gemeinsame Sprache, in der sich die Sprecher von 47 Indio-Muttersprachen verständigen und verständlich machen konnten. In Peru machte Boal auch neue Erfahrungen mit *Unsichtbarem Theater.*

In Europa schließlich, wo es Antworten auf alte und neue Fragestellungen zu finden galt, hat Boal ab 1974 mit seinen Gruppen alle diese Theaterformen weiterentwickelt.

Unsichtbares Theater: subversivste Form des *Theaters der Unterdrückten*

»Ziel des *Unsichtbaren Theaters* ist, Unterdrückung sichtbar zu machen« – lautet der Grundsatz dieser Theaterform und: »Um Unterdrückung sichtbar zu machen, die fast immer unsichtbar ist, muß das Theater selbst unsichtbar bleiben!« (Boal 1980: 85, 120)

Augusto Boal hat das *Unsichtbare Theater* nicht erfunden, aber er hat dafür den neutralsten Begriff geprägt und diesen auf das Phänomen selbst und nicht auf die Intention bezogen: *Teatro Invisível.* Der Begriff fällt zum ersten Mal in seiner Aufsatzsammlung *Técnicas latino americanas de teatro popular* ([1]1975). Boal hat als erster Ziele des *Unsichtbaren Theaters* formuliert, Regeln aufgestellt und diese Theaterform zu systematisieren versucht. Über seine ersten Versuche mit *Unsichtbarem Theater* in Brasilien hat Boal sich nur in Interviews, nicht aber in seinen Schriften geäußert.

Argentinien, sein erstes Exilland, bot Boal unter der Präsidentschaft *(ditadura democrática!)* von General Lanusse

(1968–1973) vorübergehend ein weniger gefährliches Experimentierfeld als Brasilien. Boal arbeitete hier als Regisseur und gab Schauspielunterricht. Freunde warnen ihn, sich allzusehr zu exponieren, er müsse jederzeit mit ›antisubversiven‹ Aktionen der schon im Aufbau befindlichen *Operation Condor* rechnen, der grenzüberschreitenden Zusammenarbeit der Geheimdienste in den Diktaturstaaten Argentinien, Bolivien, Brasilien, Chile, Paraguay und Uruguay.

Mit seinen Kursteilnehmern probt er Straßenszenen, sie spielen in Zügen, auf Marktplätzen, in Restaurants (hier zu spielen ging auf die Idee eines Schauspielers aus dem Kurs zurück). Boals allererste Szene *Unsichtbaren Theaters, Wer ist schuld?* wurde 1972 in Vorortzügen von Buenos Aires aufgeführt und 1973 in Bussen in San Salvador: ein Gespräch über Inflation, das sich zum absurden Fazit steigert, an der ökonomischen Misere sei das ungeborene Kind einer Mitreisenden schuld! In Argentinien entwickelt Boal aus dem ansatzweise schon in Brasilien erprobten inszenierten Streitgespräch über ein politisches Thema (ähnlich den von Balázs beschriebenen inszenierten Wirtshausdiskussionen der Agitpropspieler) die bereits erwähnten Miniszenen »Detonante«. Ein Beispiel schildert er in seinem Sammelband *Técnicas latinoamericanas de teatro popular*: In einem Bahnabteil beginnt ein Schauspieler seiner Gruppe den Peronistenmarsch zu summen, woraufhin einige Fahrgäste protestieren, andere die Meinungsfreiheit verteidigen, bis alle in eine heftige politische Auseinandersetzung verstrickt sind. Etwas, was 1972 noch möglich war, 1976, nach dem Putsch von General Videla, aber glatter Selbstmord gewesen wäre, so Boal. (Boal 1977: 121)

Unsichtbares Theater sei kein Propagandatheater, betonte Boal wiederholt in Interviews. Doch lobte er z. B. getarnte Theateraktionen wie das »Warteschlangentheater«, die die

Regierung Allende (1971–1973) in Chile unterstützten. Dabei versuchten Agitatoren die vor Lebensmittelläden anstehenden Menschen zu besänftigen, indem sie ihnen das Phänomen »Schlangestehen« als Errungenschaft der demokratischen Staatsführung darstellten: Unter dem bürgerlichen Regime habe es keine Warteschlangen gegeben, weil Lebensmittel für den Großteil der Bevölkerung unerschwinglich waren. Nun seien sie so billig bzw. die Kaufkraft sei so hoch, daß Versorgungspannen sich nicht vermeiden ließen! (Vgl. Boal 1977: 127 ff.)

In Peru praktizierte Boal *Unsichtbares Theater*, als er sich an der staatlichen Alphabetisierungskampagne ALFIN (Operación de Alfabetización Integral) beteiligte, um in der ›Sprache des Theaters‹ zu alphabetisieren. Mit einer ungeplant optimistischen Pointe endete eine Szene auf einem Marktplatz: Eine sich als Analphabetin gebende Schauspielerin läßt ihre Freundin alle Preise nachrechnen, weil Gemüsehändler bekanntlich Betrüger seien – da schaltet sich eine alte Bäuerin ein und belehrt sie: Sie müsse selber lesen, schreiben und rechnen lernen, dafür – wie für die Liebe – sei es nie zu spät!

Unübersehbar ist bei solchen Aktionen die erwähnte Nähe zu den Propagandaauftritten der kommunistischen Arbeitertheater in der Weimarer Republik als auch zu ihren illegalen oder halblegalen Aktionen ab den 1930er Jahren.

In seinen frühen Schriften verwendete Boal die Termini »Teatro de propaganda« (Boal 1977: 122) und »Teatro de agitação« (Boal 1978: 24) gleichbedeutend mit »Agitprop« und subsumiert sie unter »Teatro do povo para o povo«, Theater vom Volk für das Volk, obwohl die Rollen hier klar verteilt sind: das zu belehrende ›Volk‹ und die Volkserzieher, meist Schauspieler und junge Akademiker.

Die paternalistische volkserzieherische Haltung, es sei unter bestimmten historischen Bedingungen notwendig, dem Volk politische Ereignisse zu erklären und den zu abstraktem Denken wenig befähigten Massen gesellschaftliche Abläufe auf sinnlich-anschauliche Weise verständlich zu machen, hat Boal später (zuletzt in seiner Autobiographie von 2000) als ›Che-Guevara-Syndrom‹ belächelt, dem das Teatro de Arena als Institution jedoch nicht verfallen sei. Bei aller Solidarität stellte er dem auf Breitenwirkung zielenden, oft plakativen Straßentheater der Volkskulturzentren seinen Professionalitätsanspruch entgegen.

Und nicht erst in Europa erkannte Boal, daß Unterdrückung sich nicht immer so spektakulär manifestiert wie unter lateinamerikanischen Militärdiktaturen und Schauspieler nicht immer Leib und Leben riskieren und daß man der Unterdrückung mit subtileren Methoden als der Agitprop-Keule begegnen sollte: mit ›unsichtbaren‹ Aktionen, die lange nachwirkende Anstöße geben. »Der Polizist steht nicht nur auf der Straße, er sitzt auch in unseren Köpfen.« Boals »flic dans la tête« (»o tira na cabeça«) wurde inzwischen zu einem Begriff für verinnerlichte Unterdrückung, ähnlich wie die »Schere im Kopf«!

Boal hat sich auch immer wieder gegen die Vereinnahmung durch Organisationen oder Weltanschauungen, durch Parteien oder politische Bewegungen ausgesprochen. Wichtig war für ihn, den allgemein aufklärerischen Charakter seines politischen Theaters in den Vordergrund zu stellen. *Theater der Unterdrückten* war für ihn ein politisch emanzipatorisches Theater der Befreiung: »Wir greifen ein Problem auf. Aber wir oktroyieren keine Lösungen. Propaganda, unter welchem Vorzeichen auch immer, hieße, den Zuschauer geradezu hypnotisch in eine bestimmte Richtung zu drängen.« (Interview Thorau 1978)

Wenn Boal auch damals in Brasilien nicht, wie fast alle Mitarbeiter der Volkskulturzentren (CPCs), Mitglied der Kommunistischen Partei war, so verfolgte er doch stets eine eindeutige politische Linie: für die Reformen des ›Linkspräsidenten‹ Goulart, gegen ausländische Monopole, für Kuba, für Salvador Allende in Chile. Im Unterschied zu den Gruppen der studentisch geführten Organisationen, die fast durchweg der Kommunistischen Partei nahestanden, fühlten Boal und seine Gruppen sich jedoch nicht an einen Parteiauftrag gebunden.

Seit der Rückkehr Brasiliens zur Demokratie Mitte der 1980er Jahre und seiner endgültigen Rückkehr aus dem Exil 1986 hat Boal sich offen in der Politik engagiert. Er hat mit den Techniken seines *Theaters der Unterdrückten*, vor allem mit seinem *Forumtheater*, Wahlkampf für die Arbeiterpartei PT (Partido dos Trabalhadores), für die Gouverneurin von Rio de Janeiro, Benedita da Silva, und den Präsidentschaftskandidaten Luís Inácio Lula da Silva betrieben, schließlich zog er selbst 1993–1996 als Abgeordneter der PT ins Stadtparlament von Rio de Janeiro ein, wo er endlich in voller Legalität für die Bürgerrechte eintreten und auch mit den Mitteln des Theaters Einfluß auf die Politik in Brasilien nehmen konnte. Nun hieß das Motto »Gesetzgebendes Theater«, *Teatro Legislativo*, als konkreter Beitrag zur Neugestaltung der Gesellschaft!

Seine Entscheidung erklärte er ehemaligen Weggefährten und Journalisten gerne mit den Worten: »Theater als Politik und nicht mehr das alte politische Theater!« (Boal 2000: 318)

II. DAS THEORETISCHE KONZEPT DES *UNSICHTBAREN THEATERS*

Augusto Boals *Theater der Unterdrückten* ist heute weithin bekannt, dennoch sollte man sich seine Ziele noch einmal in Erinnerung rufen, da auch sein *Unsichtbares Theater* Teil dieses emanzipatorischen Theaters ist, die gleichen Absichten verfolgt und Formen wie vor allem das *Bildertheater* und *Forumtheater* in seine Praxis integriert.

Als politisches, eingreifendes Theater will das *Theater der Unterdrückten*, um Marx zu paraphrasieren, die Welt nicht interpretieren, sondern verändern – zuerst auf dem Theater! Denn Veränderung auf dem Theater sei ein erster Schritt zur Veränderung der gesellschaftlichen Wirklichkeit. Der ›Zuschauer‹, im Theater wie im Leben, soll zum Akteur im Theater wie im Leben, mehr noch, zum Autor, zum Regisseur, zum Hauptdarsteller seines Lebens werden.

In den zwischen 1974 und 1978 publizierten Schriften unternimmt es Boal, sein *Theater der Unterdrückten* theoretisch zu fundieren sowie die einzelnen Formen, Techniken, Methoden als Bausteine eines Gesamtkonzepts zu systematisieren, wobei er immer deutlich macht, daß es sich um *work in progress* handelt, um einen Prozeß, der nie abgeschlossen sein wird.

Das dramaturgische, politische wie pädagogische Grundmodell des *Theaters der Unterdrückten* läßt sich auf die knappe Formel bringen: »Vom Realbild zum Idealbild und der Weg dahin« und gilt für alle seine Formen: ob nonverbales *Bilder-* bzw. *Statuentheater*, *Zeitungstheater*, *Forumtheater*, *Unsichtbares Theater* – immer kommt es darauf an, eine unbefriedigende Realität sichtbar zu machen, sie zu durchschauen und durch Gegenentwürfe ein positives Gegenbild zu erarbeiten, wobei der Weg ebenso wichtig ist wie das Ziel. Der Wandel vom Negativen zum Positiven, vom Ausgangsbild zum Idealbild, der von den Teilnehmern selbst bewirkte Veränderungsprozeß soll sinnlich erfahrbar gemacht, durchlebt und vorgeführt werden.

Im *Bildertheater* werden Ausgangs- und Wunschsituation nonverbal gezeigt, stellen Teilnehmer sich selbst und/oder die Mitspieler zu einem Bild auf, das den unbefriedigenden Ist-Zustand zeigt, formen dann gemeinsam Übergangsbilder, bis zuletzt ein Bild entsteht, das den Wunschvorstellungen möglichst nahekommt.* Da bei dieser Theaterform auch die Dynamik des Übergangs, der Veränderung, wesentlich ist, hat Boal den früheren, eher ›statischen‹ Begriff *Statuentheater* später aufgegeben.

Im *Forumtheater* wird, meist von einem realen Vorfall ausgehend, eine Konfliktsituation gespielt, in der sich der Protagonist/die Protagonistin nicht wehren konnte bzw. ›falsch‹ verhalten hat. Zuschauer dürfen/sollen den Protagonisten ersetzen und einen Lösungsvorschlag des Konflikts vorspielen.

Der Demonstrationscharakter wie das Lernen anhand falschen Verhaltens, eines »Antimodells«, wie Boal ursprünglich seine *Forumtheater*-Szenarien nannte, verweisen auf Brechts

* Auf den ersten Blick erinnert dies an Virginia Satirs ›Familienskulptur‹ und die ›Familienaufstellung‹ nach Bert Hellinger. Allerdings handelt es sich dabei um (familien)therapeutische Techniken. Wollte Virginia Satir (1916–1988) durch bildhafte Darstellung Störungen im Beziehungs- und Kommunikationsgeflecht klären und im Geiste der Humanistischen Psychologie auflösen, betont die umstrittene Familientherapie Hellingers (*1925) patriarchal-konservative Werte (Eltern-Kind-Hierarchie, traditionelle Mann-Frau-Rolle). Boal hat den therapeutischen Ansatz ästhetisch genutzt.

»Situation mit Modellcharakter« oder »Modellszene« (Brecht GW 16, 552), auf seine Gegenüberstellung von »falschem« und »richtigem« Handeln und ganz besonders auf sein Lehrstückkonzept: »Es zeigte sich *falsches* und *richtiges* Handeln. Es zeigten sich Menschen, die wußten, was sie taten, und Menschen, die das nicht wußten.« (Brecht GW 15, S. 266)

Durch Einüben ›richtigen‹ Verhaltens auf der Bühne, in der Fiktion, soll ›richtiges‹ Verhalten für die Realität eingeübt werden.

Einen ersten Vorgeschmack auf das *Forumtheater* – mit der Gefahr der tätlichen Auseinandersetzung zwischen Zuschauern und den Rollenträgern auf der Bühne – bekam Boal noch in Brasilien Mitte der 1960er Jahre. In der von der Metallarbeitergewerkschaft in Santo André eingerichteten Theaterwerkstatt schrieben Arbeiter unter Boals Anleitung selbst Stücke und brachten sie zur Aufführung. Arbeiter im Publikum, die sich in den Figuren zu erkennen glaubten, stiegen auf die Bühne und korrigierten das ihrer Ansicht nach diffamierende Porträt, wobei sie Darsteller negativer Rollen beschimpften und bedrohten. In Santo André erkannte Boal aber auch: »In der theatralen Fiktion kann der Zuschauer Handlungen erproben, um sie dann in seinem Leben anzuwenden. Das war noch kein *Forumtheater,* aber ein Forum innerhalb des Theaters. Eindringen der Fiktion in die Realität. In Santo André begann ich diese Grenze zu erkunden: die Wahrheit der Fiktion und die Fiktion der Wahrheit.« (Boal 2000: 196)

Den ausschlaggebenden Anstoß zum *Forumtheater* erhielt Boal aber in Peru, als er 1973 einen Workshop im Rahmen der Erwachsenenalphabetisierung leitete. Damals praktizierte seine Gruppe noch *Simultane Dramaturgie*: Zuschauer liefern eine (meist autobiographische) Vorlage, Schauspieler setzen die Geschichte in eine Szenenfolge um und verändern sie nach

Vorschlägen der Zuschauer.* Boals Gruppe spielte einen Vorfall nach, den eine Zuschauerin geschildert hatte: Als es in ihrer Ehe kriselte, bat die des Lesens und Schreibens unkundige Frau eine Nachbarin, ihr die Papiere vorzulesen, die sie für ihren Mann aufbewahrte und die sie für Schriftstücke hielt, die die gemeinsamen Eigentumsrechte am Haus regelten. Es waren Briefe seiner Geliebten! Wie sollte sie sich verhalten? Die Zuschauer machten verschiedene Handlungsvorschläge, die Schauspieler setzten diese Anregungen improvisierend um. Unzufrieden mit all den gespielten Varianten, stürmte schließlich eine resolute Frau auf die Bühne und zeigte, was sie sich unter einer ›klärenden Aussprache‹ vorstellte: Sie griff sich einen Besen und prügelte auf den Darsteller des treulosen Gatten ein. (Boal 2000: 197) Diese Anekdote hat Boal gern und oft erzählt: das »Forum« öffnete ihm die Augen für das Eingreifen der Betroffenen selbst, aber auch dafür, welche Konsequenzen dies haben kann.

Wie das *Forumtheater* will auch das *Unsichtbare Theater* Unterdrückung sichtbar machen. Beide zeigen eine Konfliktsituation mit unbefriedigendem Ausgang und fordern, entsprechend dem Grundmodell des *Theaters der Unterdrückten*, die Zuschauenden zur (theatralen) Diskussion und damit zum Eingreifen auf. Doch es gibt einen wesentlichen Unterschied: Im *Forumtheater* greift der Zuschauende bewußt in eine Bühnenhandlung ein – die nicht vorgibt, etwas anderes als Theater zu sein. Im *Unsichtbaren Theater* wird der Zuschauende in eine Handlung einbezogen, deren Fiktionalität ihm nicht bewußt ist bzw. verheimlicht wird. Dieser Unterschied hat Folgen.

---

* Auf Boals *dramaturgia simultânea* geht das Playback Theater von Jonathan Fox zurück.

Unsichtbares Theater ist Theater

»Gespielt wird an einem Ort, der kein Theater ist, vor zufällig anwesenden Personen, die keine Theaterzuschauer sind und auch nicht erfahren dürfen, daß sie eine Theateraufführung erleben.« So lapidar äußert sich Boal zum *Unsichtbaren Theater* schon in seinem ersten Theorieband, *Teatro do Oprimido* (Boal 1976: 155), und es fällt auf, daß hier noch vor dem Theoretiker der pragmatische Theatermann das Wort hat.*

Auch in *Übungen und Spiele*, dem Sammelband, in dem Boal erste Erfahrungen mit dem *Unsichtbaren Theater* in Europa zusammenfaßt (Boal 1978: 24–41), betont er zuallererst: »*Unsichtbares Theater* ist Theater.« Voraussetzung für das Gelingen sei neben einer schriftlich fixierten Spielvorlage die Mitwirkung guter Schauspieler, die überdies noch über Reaktionsfähigkeit und Schlagfertigkeit verfügen. Einstudiert wird das ›Stück‹ wie herkömmliches Theater, gespielt wird wie im konventionellen Theater – aber nicht an einer konventionellen Spielstätte! An erster Stelle steht die Wahl eines aktuellen Themas, das den Zuschauern auf den Nägeln

---

* Seltsamerweise beschreibt Boal als *Teatro invisível* auch Szenen, die einige zufällig anwesende Zuschauer sofort als Agitprop-Sketches durchschaut haben dürften, wie »José da Silva und der (US)Schutzengel«, eine Episode aus seinem Theaterstück *Revolução na América do Sul (Revolution auf südamerikanisch)* (1960), (›Jedermann‹ José da Silva wird auf Schritt und Tritt von seinem Schutzengel mit amerikanischen Akzent an die fälligen Gebühren erinnert) oder *O Vendedor (Der Verkäufer)* (Boal 1977: [117–120]: Mr. Swift, Madame Standard Electric und Mr. City Bank diskutieren den Ausverkauf Argentiniens). Es handelt sich hier eindeutig um Agitproptheater. Diese Variante *Unsichtbaren Theaters* war möglich in Brasilien bis zum ersten Putsch 1964 und in Argentinien, in relativ liberalen Zeiten, vor dem Putsch von 1976.

brennt, dann wird dazu gemeinsam ein kurzer Text erarbeitet und schriftlich notiert, der mögliche ›Stichworte‹ von seiten der Zuschauer vorwegnimmt. Die Schauspieler sollen den skizzierten Text des Stücks oder der Szene proben und dabei auch die möglichen oder absehbaren Interventionen der Zuschauer berücksichtigen.

Praxisnähe prägt alle Äußerungen Boals zum *Unsichtbaren Theater*, auch den Systematisierungsversuch, den er nach den europäischen Erfahrungen mit dem *Unsichtbaren Theater* in *Stop: c'est magique!* (1980) unternimmt. Im Unterschied zu den zunächst auf spanisch in Boals erstem Exil Argentinien in kurzer Folge nacheinander erschienenen ersten drei Aufsatzsammlungen*, handelt es sich bei dem 1980 in Rio de Janeiro und anschließend in Paris publizierten vierten Buch *Stop: c'est magique* um die erste, leider aber auch letzte geschlossene theoretische Schrift Boals, in der er sich mit dem *Unsichtbarem Theater* beschäftigt. Boals Interesse verlagerte

---

* In einem 1973 in Argentinien veröffentlichten Aufsatz, »Uma experiência de teatro popular no Peru« (Ein Volkstheaterexperiment in Peru), den er später in seinen ersten Theorieband, *Teatro del Oprimido* (sp.), 1974, bzw. *Teatro do Oprimido* (portug.) 1975, aufnimmt, berichtet Boal über Erfahrungen mit dieser Theaterform. Sein zweites Buch, *Técnicas latinoamericanas de teatro popular* (*Lateinamerikanische Volkstheatertechniken*, 1974, 1975) vereint Beispiele aus Argentinien. Erste Experimente mit *Unsichtbarem Theater* in Europa beschreibt er in *Duzentos e tal jogos e exercícios para o actor e não actor* (*200 Spiele und Übungen für Schauspieler und Nicht-Schauspieler*, 1978) und geht dabei nur sehr kurz auf Form und Inhalt ein. Erst nach vielen weiteren Experimenten mit Berufsschauspielern und Amateurtheatergruppen, seit 1976 meist in Europa, und vor allem durch die Verbreitung der Techniken des *Theaters der Unterdrückten* bei zahlreichen Workshops, hat Boal in seinem Buch *Stop: c'est magique!* (1980) einen größeren Systematisierungsversuch unternommen.

sich seit den 1980er Jahren deutlich auf das *Forumtheater* und vor allem das *Legislative Theater (Teatro Legislativo).*

Dem *Unsichtbaren Theater* ist in *Stop: c'est magique* ein eigenes Kapitel gewidmet: »Repertoire für das *Unsichtbare Theater*«. (Boal 1980: 81–123) Hier stellt Boal auch Spielregeln für das Verhalten der Schauspieler gegenüber den Zuschauern auf, die Zulässigkeit bestimmter Handlungen sowie Sicherheitsvorkehrungen. Sie dienen dem Schutz der Mitwirkenden (Schauspieler wie zufällig Anwesende): Keine Gewalt gegen Zuschauer! Keine Verstöße gegen die Gesetze des jeweiligen Landes!

Themen und Themenwandel

War das *Unsichtbare Theater* in Lateinamerika nur kurz aufgeflackert, so entwickelte es sich in Boals europäischem Exil stetig weiter und erlebte in den westeuropäischen Ländern einen wahren Boom. In der DDR wie in den meisten osteuropäischen Ländern war das *Theater der Unterdrückten* in Schrift und Praxis – und damit auch das *Unsichtbare Theater* – verboten.

Boal stellte fest: Unterdrückung findet überall statt, nicht nur unter Diktaturen. »Unterdrückung gibt es auch in Europa, sie ist aber subtiler, es ist schwieriger, sie sichtbar zu machen.« (Boal 1978: 16) Das zeigte sich in der Wahl der von den Gruppenteilnehmern eingebrachten Themen.

Hatten die in Lateinamerika gespielten Szenen die Inflation und ihre Verantwortlichen (*Wer ist schuld?*, Argentinien), den Gegensatz von reich und arm (*Die Ohnmacht*, ebenfalls Argentinien), Hunger und Not, Zensur und Polizeigewalt zum Thema, so traten in Europa andere Probleme in den

Vordergrund, auch solche, die Boal früher angesichts der großen politischen und gesellschaftlichen Anliegen für zweitrangig gehalten hatte. Im Zuge der überwiegend studentischen Protestbewegung der 1960er Jahre war im westlichen Europa eine Kultur des Protests, aber auch der Selbsterfahrung und Selbstfindung entstanden.

Auch das Private ist politisch, mußte Boal in Europa feststellen, auch scheinbar individuelle Themen können für eine Gesellschaft relevant sein (vgl. Thorau 1991), und so erkannte er hier, im Sinne von Jakob Levy Morenos Forderung: »Durch Millionen von Mikrorevolutionen die Makrorevolutionen der Zukunft vorbereiten« (Moreno 1966, in Moreno 1974: 97) das verändernde Potential des Psychodramas, dem er früher ›Anpassung‹ des einzelnen an die herrschenden Verhältnisse, also die Verhältnisse der Herrschenden, vorgeworfen hatte, im Gegensatz zu seinem Theater des Kollektivs, das die Gesellschaft revolutioniere.*

Immer wieder wurden nun Themen aufgegriffen, die,

---

* Die Rekonstellation einer traumatisierenden Situation mit Hilfe der Gruppe, ihr emotionales Neuerleben im Hier und Jetzt durch theatralisches (Aus-)Agieren, die ›Korrektur‹ der Szene, schließlich das Einüben neuen Verhaltens, um einer ähnlichen schwierigen privaten oder beruflichen Situation in Zukunft begegnen zu können – das alles sind Wesenszüge des Psychodramas, die Boal nun verstärkt für das *Forumtheater* nutzte. Ebenso verwendete Boal (vor allem in seinen Übungen und Spielen und im *Bildertheater*) die drei zentralen psychodramatischen Techniken Doppeln, Spiegeln, Rollentausch (siehe Glossar!), ohne allerdings auf deren psychodramatischen Ursprung hinzuweisen. Viele bekannte ›Psycho‹-Techniken wurden dem *Theater der Unterdrückten* ab den 1980er Jahren anverwandelt, nicht nur Psychodrama- und Gestalt-Techniken, sondern auch Elemente bioenergetischer Körperarbeit, der Feldenkrais-Methode, nonverbale Körperkontaktübungen aus dem Encounter und dem Sensitivity-Training.

scheinbar individuell, dennoch für die (westeuropäische) Gesellschaft relevant sein können. Ende der 1970er, Anfang der 1980er Jahre stand auffallend oft ›Einsamkeit‹ im Mittelpunkt (*Selbstmord und Einsamkeit*, *Die Einsamkeit und der Kuß*, beschrieben in *Stop: c'est magique!*). Zunehmend wichtiger wurde, daran hat sich bis heute nichts geändert, die Marginalisierung von ›Ausländern‹: *Rassismus I: Der Grieche* und *Rassismus II: Die Schwarze*. Die Unterdrückung von Frauen, Kindern und Minderheiten wurde zur Konstante des *Unsichtbaren Theaters* in Europa: *Die Anmache* (Paris), *Vergewaltigung vor dem Postamt* (Rennes), *Die Frau mit dem Hundehalsband* (Florenz). Doppelmoral sollte die Szene *Die Pornomagazine* (Bari) entlarven, um Homophobie ging es in *Junger Mann im Rock* (Bollène) und *Partnertausch* (Florenz). Immer häufiger wurden auch Umweltprobleme und Arbeitslosigkeit zum Thema des *Unsichtbaren Theaters*: *Von heute auf morgen ohne Arbeit* (Helsinki), *Picknick auf Stockholms Straßen*.*

So kam auch in Europa ein »Repertoire für das *Unsichtbare Theater*« zustande, wie bezeichnenderweise der erwähnte Titel des Kapitels über *Unsichtbares Theater* in *Stop: c'est magique!* lautet.

Zahllose Male hatten Gruppen hierzulande im *Statuen-* bzw. *Bildertheater* die Niederschlagung eines Bauernaufstandes in einem peruanischen Dorf (Boal 1976: 144) nachgestellt: die betende Frau, die vor Angst erstarrten Dorfbewohner, der brutale Großgrundbesitzer, der salbungsvolle Priester. Diese Tableaux voller Dramatik hatten viel mit pathetischer Revolutionsfolklore, aber nichts mit der europäischen Lebenswelt zu tun.

---

* Die meisten der erwähnten Szenen können in der deutschen Auswahl (1979, 1989) nachgelesen werden.

Nun entdeckten viele hiesige Workshopteilnehmer auch in den von Boals Gruppen vorgeführten Szenen *Unsichtbaren Theaters* willkommene Blaupausen. Die in *Stop: c'est magique!* und anderen Texten beschriebenen Szenen hatten Modellcharakter, sie regten wiederholt zum Nachspielen an. Ein solcher Fundus verspricht zwar Sicherheit durch Zurückgreifen auf Bewährtes, kann aber Kreativität, spontanes Agieren und Reagieren blockieren, Rollenklischees und Stereotype verfestigen und, noch gravierender, zur Verkennung der eigenen Lebenswirklichkeit führen. ›Modethemen‹ wurden problemlos ex- und importiert, es waren anfangs immer wieder die gleichen Workshop-›Dauerbrenner‹ Rassismus, Schwulenfeindlichkeit, Gewalt gegen Frauen mit den immer gleichen Opfern: Immigranten, Homosexuelle, Frauen, kurz: Minderheiten als Opfer der Mehrheitsgesellschaft.

Viele dieser Themen des *Unsichtbaren Theaters* überlagern sich, wurden und werden miteinander verknüpft: Einsamkeit, Arbeitslosigkeit und Ausgrenzung/Fremdheit (vgl. *Der brasilianische Emigrant* in Bari), die Unterdrückung der Frau, Ausländerfeindlichkeit und sexuelle Übergriffe (vgl. *Rassismus II: Die Schwarze* in Stockholm, und auch die hier abgedruckten Szenarios *Handyterror* und *Rassisten wie wir*). Daß das ›Rassenthema‹ zudem oft auch ein Klassenthema ist, veranschaulichte ebenfalls die Szene *Rassismus II*, während *Supermarkt* in Rennes sowohl die Fernsehwerbung wie Lebensmittelskandale anprangerte.

Je nach Handlung und Zielsetzung treten einzelne Themen in den Vordergrund. Szenen, die sich auf den ersten Blick ähneln, verfolgen oft ganz unterschiedliche Ziele. Die beiden Restaurantszenen in Lateinamerika, *Das Gesetz* (Argentinien) und *Spießbraten der Armen* (Peru), ähneln sich im Aufbau wie Ablauf: In beiden Fällen weigert sich der Protagonist, die Rechnung zu bezahlen. Ging es aber in Buenos Aires um die Anwendung eines Gesetzes, das Arbeitslosen eine kostenlose warme Mahlzeit täglich zusprach, so wurde im Restaurant von Chaclacayo die Diskussion auf Ausbeutung und Unterbezahlung gelenkt. Das Muster bewährte sich auch in Europa, in der Supermarktszene in Lüttich, wo ein junger Mann der Kassiererin anbietet, den Einkauf, den er nicht bezahlen kann, abzuarbeiten.

In *Rassismus I: Der Grieche* verlagerte sich der Schwerpunkt der Diskussion vom Rassismus auf die Emanzipation der Frau. *Die Anmache* (Paris) handelte vordergründig von sexueller Belästigung von Frauen in der Öffentlichkeit. Worum es dabei aber vor allem ging, wurde deutlich, als die Szene mit vertauschten Rollen gespielt wurde – zwei junge Frauen belästigten einen jungen Mann. Boal: »Kein Mensch, weder Mann noch Frau, hat das Recht, einem anderen Gewalt anzutun.« (Boal 1978: 27) Die Szene *Vergewaltigung vor dem Postamt* in Rennes (Boal 1980: 88) wiederum sollte fehlende Solidarität mit dem Opfer vor Augen führen.

Auch im 21. Jahrhundert sind etliche dieser Themen *des Unsichtbaren Theaters* leider nach wie vor aktuell, neue sind hinzugekommen und mit den ›alten‹ verwoben, wie zum Beispiel *Burnout*, Mobbing am Arbeitsplatz, Diskriminierung von HIV-Infizierten. Es finden Aktionen *Unsichtbaren Theaters* gegen das Tragen von Pelzen und gegen Fleischverzehr statt, für ›fair‹ erzeugte und vermarktete Lebensmittel, gegen Produkte aus Kinderarbeit in Entwicklungsländern …

Auffallend ist auch eine Pendelbewegung: Schwang das Pendel von den großen politischen Themen Revolution, Antiimperialismus, Antikolonialismus in Lateinamerika hin zu den scheinbar individuellen, aber nicht minder politischen

Themen im Europa im letzten Drittel des 20. Jahrhunderts, so schwingt es (auch infolge der Öffnung der osteuropäischen Grenzen, der EU-Erweiterung) über das zunehmende gesellschaftliche Engagement in Bürgerprotestbewegungen wieder hin zu den großen Themen, die die Menschheit bewegen: Auswirkungen der Weltwirtschaftskrise, Globalisierung, unseren Planeten bedrohende Umweltkatastrophen, Migration und Fundamentalismus.

»Unterdrückung ist immer und überall!«, so Augusto Boal. Daß Unterdrückung an verschiedenen Orten und zu verschiedenen Zeitpunkten immer wieder in ähnlichen Situationen in Erscheinung tritt, bezeichnete Boal als ›synchrone Wahrheit‹ und ›diachrone Wahrheit‹, zwischen denen kein Widerspruch bestehe. (Boal 1980: 123) Daher könne die Situation problemlos und beliebig oft an einen anderen Ort, in eine andere Zeit transponiert werden. Die Szene des depressiven Brasilianers im Park von Bari träfe auf viele Emigranten zu, die unter Einsamkeit und Arbeitslosigkeit leiden. Authentisch sei die Tragik, die einer solchen Situation innewohne, wo und wann auch immer sie sich zuträgt.

Die Schauspieler des *Unsichtbaren Theaters*

Zwischen Stanislawski und Brecht

Jeder Mensch kann Theater spielen, selbst der Schauspieler! Boal provozierte gern mit solchen Aussagen. Und in der Tat weckt jede Form des *Theaters der Unterdrückten* immer wieder unerkannte darstellerische Ressourcen. Der theaterunerfahrene Zuschauer, der im *Forumtheater* auf die Bühne geht und den Protagonisten ersetzt, entdeckt vielleicht in sich selbst eine ungeahnte schauspielerische Begabung.

Im *Forumtheater* darf man ›Laientheater‹ machen, im *Unsichtbaren Theater* nicht. Hier sprach Boal sich klar gegen das ›Amateurtheater‹ aus, verlangte kompromißlos den erfahrenen ›guten Schauspieler‹ der alten Schule: »Mit schlechten Schauspielern ist es schrecklich ... Gute Schauspieler lieben das *Unsichtbare Theater.*«* Denn das *Unsichtbare Theater* will als Realität wahrgenommen werden. Nur wenn keiner merkt, daß es ›Theater‹ ist, kann es ›unsichtbar‹ bleiben. Hier darf es kein Chargieren, kein Überagieren, kein Clownstheater geben: »*Unsichtbares Theater* ist Theater!« (Boal 1977: 74) Und: »Die Szene soll theatralisch, professionell in bestem Sinne sein, d. h., sie soll sich auch ohne Mitwirkung der Zuschauer entwickeln können.« (Boal 1980: 84 f.)

In den Anfängen wurde *Unsichtbares Theater* fast ausschließlich von professionellen Schauspielern praktiziert. ›Gute‹ Schauspieler im Sinne Boals stehen in der Tradition psychologisch-realistischer Interpretation. Immerhin hatte Boal im Actors Studio in New York hospitiert und am Teatro de Arena in São Paulo das Schauspieltraining nach Stanislawski und Strasberg eingeführt.** Doch verlangt Boal von seinen Schau-

---

* »Avec les mauvais, c'est terrible ... Les bons acteurs aiment le théâtre invisible.« So Boal in einem Interview in der französischen Ausgabe seines *Théâtre de l'Opprimé* (Boal 1978: 199).

** Von Konstantin Stanislawski (1863–1938), Mitbegründer des Moskauer Künstlertheaters, stammt die Schauspieltechnik, aus eigener Erlebenserfahrung zu schöpfen, sie jederzeit abrufbar zu machen, um sich in eine Rolle einleben zu können, worauf Lee Strasbergs differenziertes »emotionales Gedächtnis« im Method Acting basiert. Unter Boals Leitung machten sich die Schauspieler des Teatro de Arena mit Stanislawskis »Método« in den Kursen des Arena-Schauspielers Eugênio Kuznet, eines alten russischen Emigranten – also aus erster Hand –, vertraut. Von Brecht wurde Stanislawskis ›Methode‹ als ›Einfühlung‹ mißverstan-

spielern des *Unsichtbaren Theaters*, daß sie eine Figur nicht nur einfühlsam und glaubhaft verkörpern, sondern zugleich das Verhalten ihrer Figur reflektieren.

Sehr aufschlußreich ist in dieser Hinsicht Boals Auseinandersetzung mit Bertolt Brecht, der er seine recht freie Übersetzung von Brechts Gedicht *Über alltägliches Theater* (Brecht GW 9, 766 ff.) und des dazugehörigen ausführlichen Kommentars *Die Straßenszene* (Brecht GW 16, 546–558) zugrunde legt.

Beide, Brecht wie Boal, wollen gesellschaftlich eingreifen, doch während Brecht seine *Straßenszene* als »Grundmodell einer Szene des epischen Theaters« betrachtet, folgt Boal in seinem *Unsichtbaren Theater*, den Titel Straßenszene wörtlich nehmend, ganz bewußt den Regeln des konventionellen Theaters.

Brecht will keine Illusion und auf keinen Fall Emotion erzeugen – für Boal jedoch sind Illusion und Emotion die Mittel, um »positive wie negative Kritik« (Brecht) zu ermöglichen. Während Brechts Demonstration an der Straßenecke nicht verbirgt, »daß sie eine Demonstration (und nicht vorgibt, daß sie Ereignis) ist« und als »Wiederholung« verstanden werden soll, strebt Boal Realitätscharakter an, soll der Schauspieler des *Unsichtbaren Theaters* die Brechtsche »Demonstration«, das Eingreifen in die Wirklichkeit, mit den Mitteln des traditionellen Illusionstheaters bewirken.

»... Jederzeit / Könnt ihr ihn unterbrechen: er antwortet euch / Ganz ruhig und setzt / Wenn ihr mit ihm gesprochen habt, seine Vorführung fort.« So beschreibt Brecht seinen Schauspieler (GW 9, 768), der mühelos aus seiner Rolle heraustritt. Der Boal-Schauspieler des *Unsichtbaren Theaters* darf

---

den und bekämpft, während Boal explizit auf die Vereinbarkeit beider Standpunkte hinweist (u. a. in Boal 2000: 144).

allerdings nicht ›aus der Rolle fallen‹. Auf Einwürfe von außen antwortet er aus seiner Rolle heraus, er reagiert jederzeit aus der Logik seiner Figur. »Eher ist seiner Perfektion eine Grenze gesetzt«, schreibt Brecht über ›seinen‹ epischen Schauspieler. Boal verlangt dagegen vom Darsteller Perfektion.

Die Anforderungen an die Schauspieler des *Unsichtbaren Theaters* sind also hoch: Sie sollen eine Figur überzeugend realitätsnah verkörpern, so daß niemand Verdacht schöpft, es könne sich um Theater handeln, sie müssen jederzeit mit ungeahnten und ungeplanten Reaktionen der ›Zuschauer‹ rechnen und angemessen auf sie reagieren, improvisieren und rhetorisch geschickt argumentieren. Zudem sollen sie psychologisch, pädagogisch und politisch geschult und in Geschichte bewandert sein, um die dargestellten Sachverhalte mit den Passanten erörtern zu können und sie in ihrem Verhalten zu bestärken oder zu kritisieren. Mit anderen Worten: Sie vereinigen die Perfektion eines Strasberg-Schauspielers mit der kritischen Distanz des Brecht-Schauspielers und Boals interaktivem Gestus, Empathie mit Geistesgegenwart, Reaktionsschnelligkeit und Improvisationstalent!

Bedeutet das: *Unsichtbares Theater* darf nur von ausgebildeten Schauspielern gemacht werden? Durchaus nicht! Das erklärte Ziel des *Theaters der Unterdrückten*, jeden Menschen zum Theatermachen zu befähigen, gilt auch für das *Unsichtbare Theater*. Die Erfahrung zeigt, daß es gerade nichtroutinierten Nicht-Schauspielern oft sehr gut gelingt, Probleme szenisch überzeugend darzustellen und darüber zu diskutieren, und dies nicht nur aus eigener Betroffenheit. Über das *Forumtheater* schreibt Boal wörtlich: »Der Zuschauer, der den Protagonisten ersetzt, steigt in die Rolle ein, weil es sein eigenes Problem ist oder er es auf seine Situation übertragen kann.« (Boal 1980: 156)

Die ›ZuSchauspieler‹ des *Unsichtbaren Theaters*

Akteure im Theater und in der Wirklichkeit?

»Zuschauer, was für eine Beleidigung!« Dieser programmatische und oft zitierte Satz Augusto Boals steht für die Vision seines emanzipatorischen Theaters: Mit Hilfe des *Theater der Unterdrückten* kann der Mensch vom ›Zuschauer‹ zum ›Akteur‹ werden! Das heißt zunächst ganz wörtlich, er entdeckt sein schauspielerisches Potential: Jeder Mensch kann Theater spielen! Zugleich heißt das aber auch, er überwindet seine passive Betrachterrolle und wird zum aktiv ›Handelnden‹ innerhalb und außerhalb des Theaters, in der Gesellschaft, im eigenen Leben.

Es scheint, als wollte Boal Gesellschaft und Theater gleichsetzen, wenn er in marxistischer Diktion Menschen die Produktionsmittel des Theaters ›übereignen‹ will, damit das unterdrückte Volk sich mit Hilfe des Theaters befreie!

Auch das *Unsichtbare Theater* will die Barrieren zwischen Schauspielern und Zuschauern einreißen. Aber anders als im *Forumtheater* geht es für die ›Zuschauer‹ hier nicht darum, auf einer Bühne zu agieren und dann das Gelernte draußen in der Realität umzusetzen. Im *Unsichtbaren Theater* werden sie veranlaßt zu agieren, während ihnen der Inszenierungscharakter verborgen bleibt. Darin unterscheidet sich das *Unsichtbare Theater* von den anderen Formen des *Theaters der Unterdrückten. Theater* ist es nur für die, die es veranstalten! Die zufällig Zuschauenden unterscheiden nicht zwischen *Fakt* und *Fiktion*. Da sie nicht wissen, daß sie als Zuschauer einer Inszenierung beiwohnen, sind sie, Boals Definition gemäß, nicht in den starren Ritualen des konventionellen Theaters gefangen, die sie zur Handlungsunfähigkeit verurteilen. Aus dem gleichen Grund müssen sie sich auch nicht an die Regeln des *Forumtheaters* halten, wo sie erst in die an die Szene anschließende szenische Diskussion eingreifen dürfen, um den Protagonisten auf der Bühne zu ersetzen und ihre Lösungsvariante zu präsentieren. Sie mischen sich ein, greifen ein, wann immer sie wollen.

Für Boal ist der Zuschauer nicht nur ein Stichwortgeber, dessen Einwürfe die Schauspieler einplanen und antizipieren: Er agiert völlig gleichberechtigt mit den Schauspielern. (Boal 1977: 112)

Ist dies Wunschdenken oder Verkennung der Realität? Denn der Zuschauende agiert keineswegs unter den gleichen Bedingungen wie die Schauspieler. Nur die Schauspieler wissen, daß gespielt und was gespielt wird. Die Zuschauer wissen, was sie tun, aber nicht, daß ihnen etwas vorgespielt wird.

Für den Zuschauer gibt es keine ›Handlung‹, sondern ein Ereignis, keinen ›Ort der Handlung‹, sondern einen ›Tatort‹. Er weiß nicht um die Theatralität der Szene, kann also nicht zum Darsteller im theatralen Sinn werden, zum Schauspieler, denn ›agieren‹ hieße ja hier ›spielen‹, in eine Rolle schlüpfen.

Als Akteur, genauer: Co-Akteur sehen ihn nur die eingeweihten Schauspieler. Er selbst sieht sich als Zeugen eines Vorfalls, meint, in reales Geschehen einzugreifen, hält sich für einen in der Realität Handelnden, und als solcher wird er auch von anderen, ebenso ahnungslosen Anwesenden wahrgenommen. Er weiß nicht, daß er von Theatermachern zum Handeln provoziert wird.

Boal will den Zuschauer aus seiner Zuschauerrolle befreien, indem er ihm verheimlicht, daß er Zuschauer ist. Das klingt auf den ersten Blick etwas paradox: »Die Zuschauer des *Unsichtbaren Theaters* wissen nicht, daß sie Zuschauer sind, und sollen es auch nicht erfahren! Sonst verwandeln sie sich in Zuschauer!« (Boal 1976: 155, 1977: 112 f., 1980: 84)

Die Theorie des *Unsichtbaren Theaters* – wie des *Theaters der Unterdrückten* generell – ist auch ein Spiel mit Metaphern, sie verdichtet sich in dem prägnanten Bild von der ›Wandlung‹ vom Zuschauer zum Akteur, zum Handelnden.

Die Übertragung des Phänomens Theater mit seinen eigenen Gesetzen auf die Realität draußen äußert sich im zunehmenden Gebrauch des tradierten Theatervokabulars: Wurden die Metaphern »Zuschauer« und »Aufführung« anfangs noch in Anführungszeichen gesetzt, so spricht Boal in *Übungen und Spiele* von *Publikum* (Boal 1978: 40), ja sogar von *Statisten*!

Realität und Fiktion

Boal wurde zum Opfer seiner eigenen Metapher. Daß die Realität des Theaters nicht die Realität der Straße ist, daß noch so engagiertes Theater sich nicht eins zu eins in die Realität übertragen läßt, diese Erkenntnis überfiel Boal schon in den 1960er Jahren während einer Exkursion des Teatro de Arena in den Nordosten Brasiliens, wo die Gruppe mit der ›Waffe Theater‹ die Bodenreform unterstützte. »Theater ist eine Waffe«, hatte er – Friedrich Wolfs Diktum »Kunst ist Waffe« paraphrasierend (Boal 1976: 1, 1978: 10) – oft verkündet.* Als seine Schauspieler, bewaffnet mit Holzgeweh-

---

* Friedrich Wolf (1888–1953), als Autor sozialkritischer Stücke (*Cyankali* 1929) bekannt, unterstützte als Kommunist auch tatkräftig die Agitpropbewegung und gründete selbst den proletarischen Spieltrupp *Südwest, Stuttgart* (1932/33), für den er drei Stücke verfaßte. Seine Rede »Kunst ist Waffe« (der Essay wurde bereits 1928 veröffentlicht) stand im Mittelpunkt der Konferenz des Arbeiter-Theater-Bundes Deutschlands (ATBD), im Mai 1929 in Berlin. Das angeschlossene gleichnamige Ge-

ren aus dem Theaterfundus, mit geballten Fäusten von der Bühne herab die Revolution verkündeten, forderten die als Zuschauer versammelten Landarbeiter sie auf, sich ihrem Angriff auf den ausbeuterischen Großgrundbesitzer anzuschließen. So wörtlich hatten der Regisseur Boal und seine Schauspieler es aber nicht gemeint! Das war die Lektion, die ihm die Bauern erteilten. So wie Guerilla nicht Theater ist, so ist Theater nicht Guerilla!

Daß der Zuschauer, zum Akteur auf der Bühne geworden, die befreiende Aktion von der Bühne in die Realität übertragen, sie nach draußen tragen kann, wurde dann zur Botschaft des *Theaters der Unterdrückten.*

Boal siedelt sein *Unsichtbares Theater* an der Schnittstelle von Fiktion und Realität an, gemäß seinem Konzept der ›diachronen‹ und ›synchronen‹ Wahrheit, wonach eine Situation, die sich zugetragen hat, genauso real ist wie eine Situation, die sich zugetragen haben könnte, d. h., eine vorgespielte Situation ist ebenso real wie eine reale Situation. (Boal 1978: 40) Zwar erarbeiten die Schauspieler eine Szene *Unsichtbaren Theaters* auf der Probebühne, aufgeführt wird sie aber dann an einem beliebigen Ort im öffentlichen Raum vor Menschen, die diese Szene als reales Ereignis im Alltag erleben und nicht als Fiktion. Die Schauspieler agieren in der Fiktion, die ›Zuschauer‹ aber reagieren, agieren aus ihrer Alltagsrealität heraus. Für sie ist die fiktive Situation Realität. Werden Zuschauer (espectadores) im *Unsichtbaren Theater* durch ihre ihnen nicht bewußte Einbeziehung in die Aktion wirklich, wie Boal meint, ›*ZuSchauspieler*‹, »espe[c]t-atores«? Lassen sich die Barrieren zwischen Kunst und Leben so leicht aufheben? Für Boal wird der Zuschauer,

---

dicht endet mit dem Aufruf: »Fordert *Euer* Leben, *Eure* Spiele; schaffe / sie Dir selbst, Prolet! / *Kunst ist Waffe!* …«

der in die vorgespielte Szene eingreift, die er für Realität hält, sowohl zum Akteur im theatralen Sinn als auch zum Handelnden in der Wirklichkeit. Diese Wandlung gelte genauso für die Schauspieler. Während der Zuschauer zum Schauspieler und Handelnden wird, ist der Schauspieler der Theaterszene Initiator einer realen Aktion und wird auch zum Akteur und Zuschauer (actor-espectador) in der realen Situation.

Gefahr der Grenzüberschreitung?

Welche Gefahren aus der fiktiven Realität für den Schauspieler erwachsen können, zeigt schon die ›Ur-Szene‹ des *Forumtheaters*, die bereits erwähnte Anekdote von der Zuschauerin, die den Darsteller des untreuen Ehemannes verprügelte. Das kann dabei herauskommen, wenn statt Reden Handeln verlangt wird, wenn man statt Worten Taten sprechen läßt, getreu Boals Forderung an seine Workshopteilnehmer: »Sprich nicht, zeige!«, die wörtlich Brechts Anweisung folgt: »Sprechen Sie nicht darüber, machen Sie es!« (Brecht GW 16, 760)

Bedrohlicher war der Ausgang der *Forumtheater-Szene* »Volksgericht über einen Geheimpolizisten«, die von einer Workshopgruppe Boals 1976 in Portugal, nach der ›Nelkenrevolution‹ von 1974, gespielt wurde. Nachgestellt wurde ein realer Vorfall: Ein ehemaliger politischer Häftling erkennt auf der Straße seinen früheren Folterer und bringt ihn vor Gericht. In ihrer gerechten Wut auf den Repressionsapparat des alten Regimes ließen sich die als ›Schöffen‹ des improvisierten ›Volksgerichts‹ agierenden Zuschauer zu tätlichen Angriffen auf den Darsteller des Polizisten hinreißen – nur mit knapper Not entkam der Schauspieler der aufgebrachten Menge, die ihm ›seine‹ Verbrechen heimzahlen wollte und ihn fast gelyncht hätte.

Ein noch größeres Risiko als beim *Forumtheater* findet sich beim *Unsichtbaren Theater*. Gerade wegen des geforderten realitätsnahen Spiels der Akteure ist das Verhältnis der Zuschauer – die sich nicht als Theaterzuschauer fühlen – ihnen gegenüber ein völlig anderes als im ›normalen‹ Theater. Im *Unsichtbaren Theater* wissen die Zeugen eines ›Vorfalls‹ nicht, daß Theater gespielt wird, und niemand kann ihnen verübeln, wenn sie spontan reagieren!

Die Schauspieler selbst müssen sich ständig dessen bewußt sein, daß sie von den ›Zuschauern‹ mit ihrer Rolle identifiziert werden. Für Passanten, die den Vorfall als real erleben, besteht keine Trennung zwischen Figur und Person, zwischen ›Bühne‹ und ›Zuschauerraum‹. Während die Schauspieler sich nie zu spontanen Gegenreaktionen hinreißen lassen dürfen, schon gar nicht zu Gewalt gegen die Zuschauer – eine der Grundregeln des *Unsichtbaren Theaters*! –, sind sie selbst vor gewalttätigen Reaktionen seitens des Publikums nicht sicher, die zwar der dargestellten Figur gelten, aber den Schauspieler treffen.

Gefahr der Abstumpfung?

»Damit die Szenen politische Wirkung entfalten, müssen sie von 50 Gruppen 500mal gespielt werden!« verlangte Boal (1978: 27) – frei nach Che Guevaras Aufruf »Schafft zwei, drei, viele Vietnams!«. Dadurch solle die Gesellschaft für bestimmte Probleme sensibilisiert werden. Aber damit wird auch die Gefahr heraufbeschworen: daß das Straßen- oder Café-›Publikum‹ hellhörig wird, spektakuläre dramatische Szenen in der Öffentlichkeit rasch als ›Theater‹ durchschaut, und schlimmer noch, daß Zeugen auch reale Vorfälle für Theater halten und sich abwenden, anstatt Partei zu ergreifen und Zivilcourage zu zeigen.

Gefahr der Manipulation?

Der problematischste Aspekt des *Unsichtbaren Theaters* aber ist die ›unsichtbare‹ Steuerung der Zuschauenden. *Unsichtbares Theater* darf sich nie als Theater zu erkennen geben, immer wieder hat Boal diesen Satz betont: »Man darf dem Publikum niemals sagen, daß *Unsichtbares Theater* Theater ist, sonst verliert es seine Wirkung!« (Boal 1978: 40)

Den Zuschauer zum Handelnden machen, auch ohne sein Wissen, vielleicht sogar gegen seinen Willen – in seiner Autobiographie kommentiert Boal mit leiser Selbstironie den Impetus, die Unterdrückten auch gegen ihren Willen befreien zu wollen. Wie verhält es sich aber, wenn der Zuschauer durch Realitätsvortäuschung zum Handeln motiviert wird? Der zufällig Anwesende sieht Ereignis, wo Inszenierung ist. Offene und versteckte »Manipulation« lautet das böse Schlagwort. Boal hat sich dagegen verwahrt, so wie er sich distanziert hat vom Agitprop als Beeinflussung im Dienste einer Weltanschauung, einer Partei oder Organisation. Der Zuschauer könne eingreifen, müsse aber nicht eingreifen, niemand zwinge ihn dazu. Kann aber auf diese Weise wirklich ein politischer Bewußtseinsprozeß eingeleitet werden, wie er Boal und seinem Landsmann, dem Freiheitspädagogen Paulo Freire, vorschwebte? Die Wahrheit der Fiktion und die Fiktion der Wahrheit! Dieses Dilemma löste Boal für sich mit dem Wunsch, »lügend die Wahrheit zu sagen«. (Boal 2000: 294)

Damit steht er nicht allein. Nicht jede Manipulation sei von Übel, meinte Marc Estrin, einer der Wortführer des Guerillatheaters in den USA, mit dem Boal manches gemeinsam hat. In einer erweiterten Fassung seiner *Note on Guerrilla Theatre* von 1971 spricht Estrin von einer »Ethik der Manipulation«, die es zu entwickeln gelte (vgl. Herms 1973: 96). Das *Unsicht-*

bare Theater versuche auf seine Weise, die Wirklichkeit neu zu ordnen, die ›Tiefenstruktur‹ der Wirklichkeit erkennbar zu machen, schreibt Boal. (Boal 1980: 120)

Kann man in diesem Sinn, im Sinn des *Theaters der Unterdrückten* insgesamt, auch das *Unsichtbare Theater* als ›Probehandeln‹ sehen, als Einüben ›richtigen‹ Verhaltens in der Realität? Kann der passive oder indifferente ›Zuschauer‹ des Lebens auf diese Weise lernen, Handeln in der Wirklichkeit vorzubereiten, im ›Ernstfall‹ adäquat zu agieren und zu reagieren? Kann *Unsichtbares Theater* die Wirklichkeit »umformen« helfen? – »Theatre which is a reshaping of reality« definierte Marc Estrin sein Guerillatheater. (Estrin 1969: 76)

Wer *Unsichtbares Theater* praktiziert, glaubt an die verändernde Kraft des Theaters! Wer *Unsichtbares Theater* praktiziert, glaubt daran, daß *Unsichtbares Theater* Menschen darin bestärken kann, nicht wegzuschauen, sondern hinzusehen, sich einzumischen, einzugreifen, kurz, mehr Verantwortungsbewußtsein, mehr Hilfsbereitschaft, mehr Solidarität, mehr Zivilcourage zu entwickeln. Wie positiv *Unsichtbares Theater* wirken kann, läßt sich vielleicht auch daran sehen, daß es in immer größerem Maßstab praktiziert wird, selbst in der staatlichen Gewaltpräventionsarbeit. Die Zusammenarbeit zwischen Schauspielern des *Unsichtbaren Theaters* und Polizisten (›Dein Freund und Helfer‹) quittierte Boal allerdings mit einem skeptischen Lächeln, waren seine Erfahrungen mit der Polizei in Lateinamerika doch ganz andere.

III. DAS PRAXIS-KONZEPT DES *UNSICHTBAREN THEATERS*

Der Theaterpraktiker und Pragmatiker tritt auch in Augusto Boals theoretischen Schriften in den Vordergrund. Sein Gespür für aktuelle Themen, sein dramatischer Instinkt für prägnante Pointierung, die sowohl in seinen eigenen Stücken, z. B. dem weltberühmten Exildrama *Mit der Faust ins offene Messer,* als auch in den Politkomödien und -farcen *Revolution auf südamerikanisch* oder *Geschichten aus unserem Amerika* zum Ausdruck kommen, prägen auch die Systematisierungsversuche seines *Unsichtbaren Theaters.*

Wie eine Szene *Unsichtbaren Theaters* erarbeitet wird, das hat Boal in seiner praktischen Gruppenarbeit, in seinen Workshops gelehrt – in seinen Schriften finden wir meist nur das Ergebnis: eine oft stichwortartige Beschreibung der durch pittoresken *Suspense* faszinierenden ›Action‹ und ihrer provozierenden, oft verstörenden Wirkung auf die zufälligen Zuschauer.

Nur wenig erfährt man über den Entstehungsprozeß der Szenen *Unsichtbaren Theaters,* ihre gemeinsame Entwicklung, über die Vorbereitung und kaum etwas über eine eventuelle Nachbereitung – all dies fand auch in der Gruppenpraxis nur wenig Beachtung. Vieles wird nur angerissen, manches verlangt, um Boals *Zeitungstheater* zu zitieren, eine »ergänzende Lektüre«.

Nach der improvisationsfreudigen Euphorie der Anfänge mit viel Engagement und manchmal auch erstaunlicher Unbekümmertheit, nach den befreienden Erfahrungen diesseits und jenseits des Atlantiks hat sich das *Unsichtbare Theater* inzwischen weiterentwickelt zu einem insgesamt sowohl differenzierteren als auch behutsameren Vorgehen mit mehr Raum für sorgfältigere Planung, Reflexion und Selbstreflexion.

Das *Unsichtbare Theater*, so wie es heute von mir und anderen praktiziert wird, läßt sich am besten als »*Unsichtbares Theater* nach Boal« bezeichnen. Das meint sowohl Nachfolge als auch Weiterführung, Bewahrung wie auch Weiterentwicklung. Das dramatische, spektakuläre Moment wird dabei nicht zurückgedrängt, doch erhalten Gesichtspunkte, die in Boals Schriften und auch in der Gruppenpraxis zu wenig berücksichtigt wurden, größeres Gewicht. So wird Boals Konzept in seinem Sinne als *work in progress* fortgeführt und erweitert, wozu auch die inzwischen theatralisch wie psychologisch differenziertere Handhabung des Instrumentariums beitragen soll.

Das bedeutet: mehr Präzision in den einzelnen Arbeitsschritten, von der Themenfindung, der Konzeption der Szenen und Erarbeitung der Rollen, über den Handlungsaufbau, die Inszenierung, die Suche des Schauplatzes und Auswahl des Spielorts bis hin zur logistischen Planung der ›Aufführung‹ mit perfektem Timing.

Zu den Neuerungen, die ich zusätzlich eingeführt habe, gehört die Differenzierung in *Kernszene* und *Satellitenszenen*, neu sind auch die Funktionen *Security/Bodyguard* zum Schutz der Akteure und *Protokollanten* zur Dokumentation des gesamten Arbeitsprozesses und der Ergebnisse.

Ein neues Augenmerk gilt der Gruppendynamik, aber auch den einzelnen Mitwirkenden wird besondere Aufmerksamkeit zuteil, beides Aspekte, die bisher nicht genügend berücksichtigt wurden. Neu und hilfreich sind in dieser Hinsicht von mir eingeführte Techniken, wie sie heute in Psychodrama- und Selbsterfahrungsgruppen praktiziert werden. Sie finden Verwendung bei der detaillierten Erarbeitung der Szenen, bei der einfühlsamen Vor- und Nachbereitung der einzelnen Arbeitsschritte. In jeder Probenphase sollte es ›Austausch-Runden‹ geben wie *Sharing* und *Feedback*, unverzichtbar sind sie unmittelbar nach einer im öffentlichen Raum gespielten Szene. Sie tragen ebenfalls zu mehr Selbstreflexion und Verantwortung bei.

Sei es, daß eine unsichtbare Theateraktion im Rahmen eines Theaterworkshops erarbeitet wird, sei es, daß eine bereits bestehende Gruppe eine neue unsichtbare Aktion entwickelt: Aufbau und Ablauf eines Workshops zum *Unsichtbaren Theater* sowie die Aufführung im öffentlichen Raum folgen immer einer Struktur und einem Plan. So wichtig Improvisationstalent ist, gerade beim *Unsichtbaren Theater* darf nichts dem Zufall überlassen werden!

Im folgenden werden die wichtigsten Prämissen und Parameter des *Unsichtbaren Theaters* kommentiert vorgestellt.

Unsichtbare Theateraktion

Was geläufig eine »Szene« *Unsichtbaren Theaters* genannt wird, ist eigentlich ein zeitliches Nacheinander oder gleichzeitiges Nebeneinander von Handlungseinheiten, also ein kleines Theaterstück.

Bei Boal hießen diese kurzen, durchnumerierten Einzelszenen ›Aktionen‹ (portug. *ações;* als *acciones* tauchen sie bereits 1975 in der spanischen Ausgabe von Boals *Técnicas latinoamericanas de teatro popular* auf). Dieser Terminus wurde schon in den 1920er Jahren gebraucht und in den 1960er Jahren von Happening- und Aktionskünstlern wieder aufgegriffen, von denen sich Boal jedoch distanzierte – trotz zahlreicher verbindender Momente im Grundkonzept der Einheit von

Kunst und Leben, des fließenden Übergangs, von Hybridität und Grenzüberschreitung im weitesten Sinne.

Der größeren Klarheit wegen benutze ich statt ›Szene‹ als übergreifende Bezeichnung *unsichtbare Theateraktion*. Eine *unsichtbare Theateraktion* umfaßt eine *Kernszene* und *Satellitenszenen*, im öffentlichen Raum schließt sie als Gesamtereignis auch die Re-Aktionen der ›Zuschauer‹ mit ein!

Schauplatz und Spielort

Beim *Unsichtbaren Theater* geht es darum, Unterdrückungs- bzw. Konfliktsituationen sichtbar zu machen. Voraussetzung dafür ist, daß sie von möglichst vielen Menschen wahrgenommen werden, daß sie sich im öffentlichen Raum abspielen. Die Wahl des Themas bestimmt auch die Wahl des Schauplatzes bzw. Spielorts. Wir, meine Gruppe und ich, unterscheiden zwischen dem Schauplatz, wo sich ein Vorfall zugetragen hat oder haben könnte, und dem konkreten Spielort, an dem die unsichtbare Theateraktion stattfinden wird.

Die Themen haben einen Wandel erfahren auf dem Weg von Lateinamerika nach Europa. Die Schauplätze sind aber fast die gleichen geblieben: öffentlich gut zugängliche Orte, wo das *Unsichtbare Theater* seine Wirkung voll entfalten kann. Boal wörtlich: »das *Unsichtbare Theater* soll an einem Ort ›explodieren‹, wo möglichst viele Menschen zusammenkommen«. (Boal 1976: 155) Boals martialische Terminologie mutete schon damals, in den 1970er Jahren, in Zeiten der brasilianischen Stadtguerilla, der Brigate Rosse und der RAF, befremdlich an, wirkt aber im Kontext zunehmender Bombenanschläge und Selbstmordattentate noch heute bedenklich.

Als geeignete Schauplätze nannte Boal damals öffentliche

Verkehrsmittel wie U-Bahnen und Omnibusse. Bevorzugte Aufführungsorte waren von Anfang an Gaststätten *(Das Gesetz, Spießbraten der Armen, Partnertausch, Rassismus)*, belebte Straßen, (Markt-)Plätze und öffentliche Anlagen. Daran hat sich bis heute nichts geändert. »Während einer Aufführung verwandelt sich jeder Ort in ein Theater«, schreibt Boal.* (Boal 1977: 112) Eine Szene *Unsichtbaren Theaters* soll von ihren zufälligen Zuschauern innerhalb eines realen ›Dekors‹ wahrgenommen werden: »Die Wirklichkeit liefert ihr eigenes Bühnenbild.« (Boal 1980: 84)

Auch in Europa hat sich eine Vorliebe für bestimmte Schauplätze entwickelt (ähnlich wie das ›Themen-Repertoire‹ des *Unsichtbaren Theaters*), neben Café, U-Bahn, Bus, Straße vor allem Kaufhaus und Supermarkt: »Supermarkt – der ideale Schauplatz« (Boal 1980: 99). Natürlich eignet sich ein Supermarkt besonders gut zur Thematisierung von Konsumverhalten und Konsumterror**, Lebensmittelskandalen, Kauf-

---

* Früher war bei Boal der Schauplatz (Warteschlange, Hotelhalle, Zugabteil, Theaterfoyer, Restaurant) sogar ein Definitionskriterium, wobei er noch unterschied zwischen »Fila-Teatro«, wörtlich Warteschlangen-Theater und »Teatro na fila« (Theater in der Warteschlange), »Comboio-Teatro« (Zug-Theater) und »Teatro-no-Comboio« (Theater im Zug). (Vgl. *Técnicas* 1977: 110 ff.)

** Einen Versuch mit dem Medium Hörfunk, der in die Richtung von Boals *Unsichtbarem Theater* geht, hatte 1971 Hein Bruehl mit verstecktem Mikrophon für den Westdeutschen Rundfunk in Köln unternommen. »Vor dem Supermarkt« inszenierte ein Ehepaar eine lautstarke Auseinandersetzung. Der Mann warf seiner Frau vor, seinen Lohn wieder einmal für völlig überflüssiges Zeug auszugeben, wetterte gegen die Werbung. Ein Verkäufer versuchte den aufgebrachten Ehemann vom Wert der ›Schnäppchen‹ zu überzeugen. Ein Student ergriff für den Kunden Partei und kritisierte die Mechanismen der Überfluß- und Wegwerfgesellschaft. In der von Boals Gruppe 1978 im Supermarkt

kraftverlust, Preispolitik und Inflation und in weiterem Sinn damit zusammenhängenden Themen wie Arbeitslosigkeit und Armut, aber auch als Kulisse für viele andere Themen. Hier wurden auch Szenen zur Unterdrückung der Frau, zu Beziehungsproblemen, zu Kinderfeindlichkeit und Umweltzerstörung gespielt. Letztlich sind Schauplätze austauschbar: *Die Anmache* wurde in der Pariser Métro, aber auch in Pariser Cafés gespielt, Szenen zur Arbeitslosigkeit sowohl im Supermarkt als auch in Gaststätten. Die Szene *Königin Silvias Baby* in Stockholm war ursprünglich für die U-Bahn geplant, doch da das Vorhaben durchsickerte und die Presse ihre Leser darauf hinwies, entschloß man sich, auf einer Fähre zu spielen. (Boal 1978: 28) Wichtig bei der Wahl des Spielorts ist aber auch die Sicherheit der Schauspieler: Sie sollen den Ort rasch und problemlos verlassen können! (Mehr dazu, zur Erkundung des idealen Spielorts, der Überprüfung der Fluchtwege etc. im Kapitel *Aufzeichnungen aus einem Workshop.*)

---

von Bollène, Südfrankreich, gespielten Szene *A Solidariedade*, die zwar eine andere Problemstellung fokussiert, läßt sich eine starke Ähnlichkeit zur Kölner Szene feststellen. Auch in der szenischen Umsetzung gleicht der »gespielte Eklat«, der »durch gespielte Aktion« Unbeteiligte zum ›Mitspielen‹ veranlassen soll, einer Szene aus Boals *Unsichtbarem Theater*, und ähnlich wie Boal spricht Bruehl von der leidigen »Bühnenbarriere zwischen Darstellern und Publikum«, von der »Möglichkeit zum Eingreifen der Zuschauer«, von »Initialzündung«. Die Schauspieler »mußten auf mögliche Eingriffe des ›Publikums‹ nicht nur vorbereitet sein, sondern diese schon durch ihr Spiel provozieren« (vgl. Bruehl 1974: 282f.). Alle diese Einzelheiten gelten auch für Boals *Unsichtbares Theater*.

Szenario

Mit Ausnahme der Szene *Partnertausch*, in der zwei heterosexuelle Paare im Café die Plätze wechseln und als schmusende homosexuelle Paare neu zusammenfinden, der einzigen von Boal beschriebenen nonverbalen Szene *Unsichtbaren Theaters* (Boal 1980: 106), die wie ein Stummfilm ablief, soll unsichtbaren Theateraktionen immer ein vorher fixierter Text zugrunde liegen.

So schrieb Boal bereits 1975 zu den Alphabetisierungsszenen in Peru: »Das *Unsichtbare Theater* geht von einer klar umrissenen Konfliktsituation aus, die in einem Text, einem einfachen Szenario schriftlich festgehalten wird. Die Aufführung wird bis ins Detail genau vorbereitet, nicht nur die Szene selbst, sondern auch das Zusammenspiel der Schauspieler wie auch die mögliche ›Mitwirkung‹ der Zuschauer. Schon während der Proben stellen sich die Schauspieler auf mögliche oder voraussehbare Stichworte seitens der Zuschauer ein.« (Boal 1976: 155)

Anfangs begnügte sich Boal noch mit einem Textgerüst, das der jeweiligen Situation entsprechend abgewandelt werden konnte (vgl. Boal 1978: 24). In *Stop: c'est magique!* fordert er bereits einen »vorgeschriebenen Dialog«. (Boal 1980: 104) Doch während Boal für das *Forumtheater* mehrere Stücke, *peças-foro*, als offene Spielvorlagen verfaßt hat*, publizierte er in all den Jahren keine Szene *Unsichtbaren Theaters*, weder

---

* *Como de costume (Wie üblich), Aquele que trabalha, é alguém! Quem? (Wer arbeitet, ist jemand! Wer?), O trabalho e a família, (Arbeit und Familie)* sind unveröffentlichte Manuskripte [1978]. *Aquele que trabalha* … wurde abgedruckt als Anhang in Thorau 1982.

Skizzen oder stichwortartige Szenarien noch ausgearbeitete literarische Spielvorlagen mit Monologen und Dialogen.

In der heutigen Workshoppraxis wird Wert darauf gelegt, daß die im Spiel durch Improvisation erarbeitete Szenenfolge schriftlich fixiert wird. Die Gruppenmitglieder entwerfen aus dem diskutierten Themenmaterial und den angespielten Szenen gemeinsam ein Handlungsgerüst, sie schreiben ihren eigenen szenischen Text. Mit anderen Worten: Die Akteure sind ihre eigenen Autoren, die Gruppenmitglieder sind zugleich Dramatiker und Protagonisten.

Der Text ist meist ein offener Text – er kann jederzeit verändert, erweitert, verknappt werden –, seine Bausteine werden von den Schauspielern selbst nach und nach zusammengefügt und von einem (freiwilligen!) Protokollanten schriftlich festgehalten, um jederzeit abrufbar zu sein. Souffliert wird aber nur auf den Proben!

Es werden vor allem kurze Schlüsselsätze notiert, die emotional wirken und den Hauptargumentationslinien folgen, Stichworte, Auftritte und Abgänge. Erfahrungsgemäß können sich Akteure knappe und prägnante Hauptsätze leichter merken, und auch den zufälligen ›Zuschauern‹ fällt es leichter, kurze Sätze und markante Statements aufzunehmen. Außerdem sollen die Schauspieler die Freiheit haben, in der ›öffentlichen Aufführung‹ ihren Part aus der Logik ihrer Figur heraus zu formulieren, zu ergänzen und weiter auszugestalten. Das entspricht Boals Grundforderung vom selbstbestimmten Darsteller, der nicht fremde Texte nachbetet, sondern Co-Autor ist: »Jeder kann, darf, soll alles!«

Kernszene

In Weiterführung von Boals genereller Unterscheidung zwischen ›Haupthandlung‹ (*ação principal* oder *ação central*) und der etwas mißverständlichen Bezeichnung ›Paralleldialoge‹ *(diálogos paralelos)*, nenne ich die beiden wichtigen Typen von aufeinanderfolgenden bzw. sich verflechtenden Handlungseinheiten *Kernszene* und *Satellitenszenen*.

Die *Kernszene* thematisiert eine Unterdrückungs- bzw. Konfliktsituation als konkreten Vorfall und stellt sie so zur Diskussion.

Die *Kernszene* ist zwar ein offener, auf den Proben jederzeit veränderbarer Text, dennoch ist sie aufgebaut (und in sich geschlossen) wie ein kleines Drama mit Anfang, Mitte und Ende, oft konstruiert nach dem Muster: Exposition, Klimax, Wendepunkt, retardierendes Moment, Katastrophe, mit genau geplanten Auftritten und Abgängen.

Die *Kernszene* wird wie naturalistisches Theater gespielt, die Bühne ist aber die Wirklichkeit selbst. Die ›Zuschauer‹ erleben einen vermeintlich realen Vorfall, der sie umso stärker bewegt, je echter er wirkt, je wahrheitsgetreuer er (nach) gestellt ist. Deshalb haben Stelzen, weiß geschminkte Gesichter und rote Pappnasen im *Unsichtbaren Theater* nichts zu suchen. Je genauer die Wirklichkeit nachgestellt wird, desto glaubwürdiger wirkt die Szene.

Da die *Kernszene* meist sehr dicht und emotional aufgeladen ist, findet sie ausschließlich zwischen den ›unsichtbaren Schauspielern‹, meist zwischen Protagonist und Antagonist statt, muß aber deutlich sichtbar sein, denn sie dauert meist nicht länger als 10 bis 20 Minuten und soll von möglichst vielen Passanten, Fahrgästen in U- oder S-Bahn, Kunden im Supermarkt, Gästen im Café wahrgenommen werden.

Bildlich gesprochen wirkt eine *Kernszene* wie ein Stein, der ins Wasser geworfen wird und Wellen schlägt, immer weitere Kreise zieht (siehe *Satellitenszenen*). Wenn dieser Effekt nicht eintritt, fällt die Szene in sich zusammen, und es findet kein *Unsichtbares Theater* statt. Dieser Stein, um diese Metapher weiter zu bemühen, ist auch Stein des Anstoßes.

Eklat

Unsichtbares Theater ist kein Kammerspiel, bei dem ein Augenaufschlag beim Zuschauer ein Seelenbeben auslösen kann. *Unsichtbares Theater* muß, so paradox es klingen mag, gesehen und gehört werden. Dies gelingt durch die Inszenierung eines Eklats, einer unerwarteten Aktion, die optische und akustische Zeichen setzt und dadurch die Aufmerksamkeit der zufällig Anwesenden auf das Geschehen lenkt. Ein (Auf-)Schrei, wildes Gestikulieren, ein umfallender Stuhl, ein zersplitterndes Glas sind Knalleffekte, die Menschen selbst in der Hektik und vor der Geräuschkulisse des öffentlichen Raums zusammenzucken lassen und ihre Neugier erregen. Als ›Initialzündung‹ entspricht der Eklat der von Boal noch in Brasilien entworfenen »Detonante« (d. h. Sprengsatz), die die Aufmerksamkeit der zufällig Anwesenden erregen sollte.

Die Tragweite des Eklats hängt auch davon ab, von wem er ausgeht: Wenn ein wütendes Kind einen Stuhl umstößt, wirkt dies anders, als wenn ein älterer Herr vom Tisch aufspringt und dem Stuhl einen Tritt versetzt. Hier gibt es eine große Bandbreite von Möglichkeiten, die wohlüberlegt eingesetzt werden sollten. Der Eklat kann am Anfang, in der Mitte oder am Ende einer *Kernszene* stehen. In *Vergewaltigung vor dem Postamt* in Rennes stand der Eklat am Anfang: Drei ›Vergewaltiger‹ versuchten, eine junge Frau in ein Auto zu zerren. (Boal 1980: 87)

In der Szene *Junger Mann im Rock*, gespielt im französischen Bollène, probierte ein Schauspieler zunächst relativ unbemerkt und nur von einzelnen Kommentaren begleitet in einer Boutique Damenkleider an. Hier fand der Eklat in der Mitte statt, als schließlich ein Schauspieler der Gruppe als Herr mit Anzug und Krawatte auftrat und den jungen Mann ohrfeigte. Das schockierte die Kunden und fokussierte die Aufmerksamkeit. (Boal 1980: 100)

In der ebenfalls in Bollène aufgeführten Supermarktszene *A Solidariedade* beendete der Eklat die verbale Auseinandersetzung der *Kernszene*: auf dem Höhepunkt des Streits schubste der Mann seine Frau so heftig, daß sie hinstürzte. (Boal 1980: 100)

Größte Aufmerksamkeit erregen unerwartete Aktionen. Es muß aber nicht immer zu einem Eklat kommen. Manchmal genügen auch scheinbar unspektakuläre nonverbale Handlungen wie die *Ohnmacht* in der gleichnamigen Szene in Argentinien.

Ein Negativbeispiel ist die Supermarktszene in Florenz: »Plötzlich zog der Ehemann ein Hundehalsband aus der Tasche und nahm seine Frau an die Leine.« (Boal 1980: 105) Wie aus Zeitungskommentaren am nächsten Tag hervorging, verstörte die ›Aktion‹ die zufälligen Zuschauer eher als sadomasochistische Exzentrizität eines einzelnen, weckte aber keineswegs ein Problembewußtsein für Frauenunterdrückung.

Die Erfahrung hat gezeigt, daß trotz der besonderen Bedeutung, die in Boals Konzept dem Visuellen zukommt – *Unsichtbares Theater* wird oft mit dem nonverbalen *Bildertheater (Teatro Imagem)* vorbereitet – eher die akustischen Zeichen, vor allem Verbalattacken, die Aufmerksamkeit der zufällig Anwesenden erregen: ein eskalierender Dialog, ein verbaler Schlagabtausch.

In wohldosierter Dramatik, mal lauter, mal leiser, schaukelt sich ein verbales Duell hoch (es muß nicht nur ein Partner- oder Ehestreit sein), und gerade die emotionale und rhetorische Spirale fesselt die Aufmerksamkeit, denn die zufälligen Zeugen des Geschehens sind besonders begierig, das zu verstehen, was sie nur bruchstückhaft mitbekommen, sie wollen wissen, wie es weitergeht, wie sich der Streit entwickelt, ob er eskaliert.

Wiederholung

Je unübersichtlicher der Schauplatz, desto häufiger müssen akustische und optische Zeichen in gewissen Abständen wiederholt und bisweilen auch verstärkt werden. Doch ist auch hier auf die Angemessenheit der Mittel zu achten. Emotionale Ausbrüche oder Gewalt gegen Gegenstände sind relativ einfach zu spielen, wenn die Akteure keine Scheu haben, sich ins Rampenlicht der Öffentlichkeit zu stellen. Wie aber kann man im öffentlichen Raum subtilere Unterdrückung glaubwürdig sichtbar machen?

Hier kommt der *Wiederholung* eine wichtige Rolle zu, sowohl im Zentrum der *Kernszene* als auch am Rande des Geschehens.

In einer in Bari gespielten Szene fragten zwei junge Frauen am Kiosk nach Pornomagazinen. Der Verkäufer gab nur zögernd und leise Auskunft. Die beiden jungen Frauen wiederholten das Gesagte so laut, daß alle Umstehenden es hören konnten. (Boal 1980: 94)

Ein Mittel, um die Aufmerksamkeit aufrechtzuerhalten, ist, neu Hinzugekommene über den Vorfall zu informieren. In der Pariser Métro, wo lautes Zuggeräusch und das Ein- und Aussteigen von Fahrgästen das Zuhören erschwerte, ähnelte die Wiederholung der Berichterstattung eines Rundfunkreporters: Damit ja auch alle im U-Bahn-Wagen mitbekommen, was gerade passiert, fragt eine ›unsichtbare Schauspielerin‹ ihr Kind, was da vorne denn los sei. Der Junge schildert lauthals, wie Kinder es eben tun, so daß alle es hören können, die Szene, die sich gerade abgespielt hat. (Boal 1978: 26)

Oft setzen die Schauspieler auch einen alten Theatertrick ein: Sie tun so, als wollten sie kein Aufsehen erregen, und flüstern laut. Gerade dadurch wecken sie die Neugier der Zuschauer.

Protagonist und Antagonist

In der *Kernszene* treten, auch der szenischen Klarheit halber, in der Regel zunächst zwei Personen auf (Alleingänge, Solo-Auftritte, Monologe und Monodramen bilden eher die Ausnahme).

Anders als Boal (etwa in *Übungen und Spiele* 1978) verwenden Praktiker für diese beiden Hauptfiguren des *Unsichtbaren Theaters* heute nicht mehr pauschal die Begriffe *Unterdrücker* und *Unterdrückte*, sondern *Protagonist* und *Antagonist*, wobei *Protagonist* die Opferrolle (auch ›Opfer der Verhältnisse‹, wie etwa der ›Arbeitslose‹, der in *Die Ohnmacht* einen Schwächeanfall erleidet) meint, während der Unterdrücker als *Antagonist* oder ›Aggressor‹, bezeichnet wird. Obwohl es keine geschlechtliche Fixierung gibt, handelt es sich beim Unterdrücker rein empirisch oft um männliche Rollen.

Beide werden in der Gruppenpraxis oft reduziert auf die Anfangsbuchstaben P und A:

P = Protagonist, passiv, engl. *patient*, Opfer, oft Sympathieträger.

A = Antagonist, Aggressor, Täter, Antipathieträger.

In unserer szenischen Gruppenarbeit verständigen wir uns meist in diesen allen geläufigen Kürzeln und sprechen von A und P (statt von Protagonist oder Aggressor): »Jetzt tritt P bzw. A auf« usw.

Satellitenszenen

Satellitenszenen ›kreisen‹ um die *Kernszene,* metaphorisch entsprechen sie den Wellen, die der ins Wasser geworfene Stein des Anstoßes auslöst.

Ähnelt die *Kernszene* einer ›aus dem Leben gegriffenen‹ realistischen, gar naturalistischen Theaterszene, so entsprechen die *Satellitenszenen* eher dem *Diskussionsstück*: Die beteiligten Akteure kommentieren untereinander den in der *Kernszene* dargestellten Vorfall, sie diskutieren über das Problem auf einer Metaebene, dialektisch aus unterschiedlichen Positionen, und versuchen, die Zuschauer, die nicht wissen und nicht erfahren sollen, daß sie Zuschauer sind, in ein Gespräch zu verwickeln. Denn auch wenn nach Boals Ansicht die Zuschauer den Schauspielern gleichgestellt sind, so haben diese ihnen doch etwas voraus: Sie wissen, daß gespielt und was gespielt wird! Weder die *Kernszene* noch die *Satellitenszene* dürfen als Theater aufgedeckt werden.

Akteure der Satellitenszenen

Die ersten wahrnehmbaren Aktionen finden in der *Kernszene* statt, hier treffen Protagonist und Antagonist aufeinander (verbale Auseinandersetzung zwischen A und P, Eklat). Die Akteure der *Satellitenszenen* haben sich zwar schon einer nach dem anderen möglichst weit voneinander unauffällig unter die Passanten, die Kunden oder die Cafégäste gemischt, bringen sich aber noch nicht in das Geschehen (der *Kernszene*) ein. Sie sind schon auf der ›Bühne‹ und warten auf ihren Einsatz, spielen nicht nur »Passant«, »Kunde«, »Cafégast«, sondern *sind* es. Erst auf ein Stichwort hin, das in der Probe festgelegt wurde, treten sie in Aktion. Die Akteure der *Satellitenszenen* kennzeichnen wir ebenfalls virtuell mit den Buchstaben P und A und numerieren sie als P1, A1, P2, A2 usw., um schon in der Probenarbeit – auch wenn sie bereits die fiktiven Namen ihrer Figuren tragen und mit Attributen und Accessoires ausgestattet sind – kenntlich zu machen, welche Figur welche Position vertritt, ob sie auf der Seite des Unterdrückten/Opfers (P) oder des Aggressors (A) steht.

P1 und A1 stehen P und A räumlich wie emotional am nächsten. Sie agieren als ›Verstärker‹, als ›Hilfs-Ich‹, möglicherweise als ebenfalls Betroffene. Die Nähe eines Akteurs P1, der sich mit dem Opfer einer Aggression identifiziert, ist ebenso hilfreich für das Opfer (P) wie für den Schauspieler. Beide fühlen sich nicht allein gelassen. Aber auch für den Aggressor (A), der sich vor einer politisch korrekten Öffentlichkeit ins Unrecht setzt, eine Anti-Rolle spielt, ist die emotionale Unterstützung durch eine mit ihm solidarische A1-Figur wichtig, sie gibt dem unsichtbaren Schauspieler, der den Aggressor (A) spielt, Rollensicherheit.

Emotion und Reflexion

Um das Allgemeine im konkreten (inszenierten!) Einzelfall vor Augen zu führen, konzipierte Boal auch die Figuren seiner Szenen *Unsichtbaren Theaters* nach dramatischen Gesichtspunkten. Damit die Handlung sich möglichst rasch abspielt, möglichst viele ›Zuschauer‹ erreicht, ins Geschehen einbezieht und zur Diskussion anregt, sollten sich ›Opfer‹ und ›Aggressor‹ klar voneinander unterscheiden und identifizierbar sein, das dialektische Gegeneinander der Standpunkte deutlich, wenn nicht gar überdeutlich konstruiert werden.

Die Gefahr der plakativen Schwarzweißmalerei liegt nahe. Um dies zu vermeiden, sollten wir uns vergegenwärtigen, daß wir uns bei der *Kernszene* (P/A) auf einer emotionalen Ebene befinden, die wir bei den *Satellitenszenen* verlassen, um uns auf eine Reflexionsebene zu begeben, wo Argumente ausgetauscht werden und sachlich diskutiert werden sollen. Daher gilt bei der Rollenerarbeitung die Unterscheidung zwischen Personen und Typen: In der *Kernszene* agieren konkrete Figuren (englisch: *characters*) in ihrer ›Geschichte‹, in den *Satellitenszenen* eher Verkörperungen von *Haltungen*, also Rollentypisierungen, die zugegebenermaßen klischeehaft ausfallen können, etwa *der* Umweltschützer usw.

Die *Satellitenszenen* werden ebenso sorgfältig inszeniert wie die *Kernszene*. Zeigt die *Kernszene* das verdichtete szenische Bild eines (Kern-)Problems, so wird in den *Satellitenszenen* neben der individuellen Seite die gesellschaftliche Tragweite des Problems szenisch diskutiert. Hierzu werden in den Proben unterschiedliche Figuren für die Ebenen A2, A3, A4 und P2, P3 und P4 geschaffen, die das Problem dialektisch verhandeln, zum Beispiel Rollen von ›Betroffenen‹, die Ähnliches erlebt haben, und Rollen von Experten wie Juristen, Steuerberater, medizinisches Fachpersonal, Sozialarbeiter, die sich außerhalb der Probezeit die nötigen Sachinformationen besorgen. Auf den Proben werden im Rollentausch und rhetorischem Schlagabtausch Pro- und Contra-Argumente gesammelt, schriftlich fixiert und szenisch ausprobiert, die ein möglichst facettenreiches und kohärentes Profil der jeweils vertretenen Position ergeben und sich in der Kommunikation mit dem Gegenüber behaupten können. Wie die Protagonisten und Antagonisten der *Kernszene*, so gewinnen auch die Figuren der *Satellitenszenen* nach und nach Gestalt, und es zeigt sich, welche Schauspielerin, welcher Schauspieler sich mit welcher Rolle anfreunden kann und sich zutraut, die eine oder andere Position später im öffentlichen Raum zu vertreten, denn die Rollen werden erst in den Endproben besetzt. Durch die kollektive Erarbeitung der Figuren sind alle Schauspieler in der Lage, alle Rollen zu spielen. Wie bereits erwähnt, studieren die Akteure Schlüsselsätze ein, die vom Protokollanten notiert wurden, wobei sie sich nicht an den genauen Wortlaut halten müssen – sie spielen ja keinen Klassiker –, vielmehr eignen sie sich die wichtigen Argumentationsketten an und reproduzieren sie dann mit eigenen Worten.

Die Akteure der *Satellitenszenen* vertreten auf den P-Ebenen oft ihren eigenen politischen Standpunkt, wenn z. B. Studierende, die die Studiengebühren kritisieren, Studierende spielen, die die Studiengebühren kritisieren, oder Atomkraftgegner als Atomkraftgegner auftreten. Und so wie sich beim *Forumtheater* der Schwerpunkt vom Theater immer mehr auf das szenische *Forum* verlagert, so kann die Szene *Unsichtbaren Theaters* auch immer mehr zum politischen *Forum* werden.

Auf den Ebenen A2 – P2, A3 – P3 oder A4 – P4 sind die Akteure entsprechend weiter voneinander entfernt, was auch für die Theatralität und Wahrnehmbarkeit der Szene von Bedeutung ist. Die unsichtbaren Schauspieler A3 und P3 dürfen nicht ›unter sich bleiben‹, sollen keine Gespräche im kleinsten Kreis führen – niemand würde sie hören, die Szene würde in sich zusammenfallen –, sondern ihre Auseinandersetzung über die Köpfe der Cafégäste, also über zwei, drei Tische hinweg, führen und dabei Personen in ihrer unmittelbaren Nähe anschauen, ansprechen, sie ins Gespräch zu verwickeln suchen.

So wie die Wellenkreise, die der ins Wasser geworfene Stein ausgelöst hat, nach außen zwar immer größer, aber gleichzeitig auch flacher werden, flacht auch die Emotion nach außen, in Richtung *Satellitenszenen*, immer mehr ab. Je weiter die *Satellitenszenen* vom Zentrum der *Kernszene* entfernt sind, desto ruhiger diskutieren die Akteure das in der *Kernszene* aufgeworfene Thema mit dem Ziel, möglichst viele Menschen ins Gespräch zu ziehen. Je sachlicher die Diskussionsangebote an reale Passanten oder reale Cafégäste sind, desto erfolgreicher sind sie in der Regel, sowohl hinsichtlich der Gesprächsbereitschaft als auch des Gesprächsinhalts.

Natürlich können alle Schauspieler, auch wenn sie keine Rolle übernommen haben, jederzeit ›einsteigen‹, dann aber eher am Rand des Spannungsfeldes der Szenen. Hier finden wichtige Gespräche statt, denn Passanten, Zeugen, Cafégäste bringen besonders an der ›Peripherie‹, in sicherem Abstand, den Mut auf, sich unaufgefordert in die Diskussion einzumischen.

Je nach Thema und Differenziertheit der zur Diskussion stehenden Problematik und der Teilnehmerzahl des Workshops kann es bis zu vier oder fünf *Satellitenszenen* geben. Im weiteren Verlauf, wenn möglichst viele Gäste in die Szene involviert sind, können und sollen die *Satellitenszenen* parallel verlaufen und sich nach und nach unmerklich auflösen.

Endet die *Kernszene* vielfach mit dem Abgang des Aggressors, so ist das Ende der *Satellitenszenen* offen. Die Akteure diskutieren mit den Passanten oder Cafégästen, solange sie es für richtig halten.

Das Forum des *Unsichtbaren Theaters*

Wie das *Forumtheater* will auch das *Unsichtbare Theater* mit Hilfe einer inszenierten Konfliktsituation Unterdrückung sichtbar machen und Zuschauer so in eine theatrale Diskussion einbeziehen. Dort wird eine Szene, die (Anti-)Modellszene, bis zu einem Punkt gespielt, wo die Situation ausweglos scheint oder zu eskalieren droht, dann wird das Publikum gefragt: Wie soll es weitergehen? Im *Forumtheater* kommen die Zuschauer auf die Bühne, greifen ein, gestalten die Szene nach ihren Vorstellungen.

Im *Unsichtbaren Theater* findet das Spiel als nichtdeklariertes Theater im öffentlichen Raum statt.

An die inszenierte *Kernszene* schließt sich die ›Diskussion‹ in den *Satellitenszenen* an, die das eigentliche Thema der Szene hinter der ›Aggression‹ ins Licht rücken, die gesellschaftlichen Hintergründe ausleuchten soll.

Diese zweite Phase, die auf die Spielszene folgt und das Thema auf eine *diskursive Ebene* bringt, ist mindestens so wichtig wie die *Kernszene.*

Der szenische Disput, in den nun die Zeugen des Geschehens (Passanten, Fahrgäste etc.) einbezogen werden, entspricht dem ›Forum‹ des *Forumtheaters.* Mit einem wichtigen Unterschied: Was für die Schauspieler eine ›szenische Diskussion‹, ist für die Umstehenden Realität.

Im *Unsichtbaren Theater* sind die in einem Café oder Restaurant an Tischen sitzenden Zuschauer schon als Zeugen in ein vermeintlich reales Geschehen involviert. Ein weiterer Unterschied: Während beim *Forumtheater* die Zuschauer erst in die an die Konfliktszene anschließende szenische Diskussion eingreifen dürfen, sind beim *Unsichtbaren Theater* die Übergänge zwischen Szene und Publikumspartizipation fließend. Eine Intervention der Zuschauer ist jederzeit, an jedem Punkt möglich, das ›Forum‹ – die Diskussion – kann auch viel früher einsetzen als erwartet. Im Unterschied zum *Forumtheater* wird dieses ›Forum‹ nicht von den Schauspielern oder einem Spielleiter angekündigt, sondern ergibt sich spontan.

Damit die Zuschauer in die Diskussion einsteigen, werden ihnen in den *Satellitenszenen* unterschiedliche *Identifikationsangebote* gemacht. So gibt es – die Schauspieler haben diese Rollen einstudiert – den sachlich-kühlen Beobachter, der immer die Ruhe bewahrt, die aufgeregt Gestikulierende (es lag wohl an eigenen verinnerlichten Stereotypen, daß Boal diese Rolle immer wieder Frauen zugewiesen hat!) und den pathetisch Kommentierenden.

Damit werden nicht nur die Schauplätze, sondern auch die typisiert dargestellten Personen des *Unsichtbaren Theaters* auswechselbar, und so entsteht neben dem Themen- und Schauplatz-Repertoire auch noch ein Personen-Repertoire! Man mag dies kritisieren, vielleicht aber ist bei dieser Theaterform die einfache Handlungs- und Personenzeichnung, der Verzicht auf Subtilität notwendig, um überhaupt Aufmerksamkeit zu erregen, den Vorfall nachvollziehbar zu machen.

Was kann die auf den (inszenierten) Vorfall folgende Diskussion im *Unsichtbaren Theater* leisten?

In der Restaurant-Szene in Peru, 1973, kam es zu einem lebhaften Streitgespräch, in das alle einbezogen wurden. Boal war begeistert: »Das ganze Restaurant verwandelt sich in ein Parlament.« (Boal 1976: 157) Der szenische Disput kann mit der Verurteilung eines ›inkorrekten‹ (z. B. frauenfeindlichen, schwulenfeindlichen, ausländerfeindlichen) Verhaltens enden oder mit einem Appell an die Solidarität, einer Aufforderung zu unterstützendem Verhalten oder einer Spendenaktion z. B. für Frauenhäuser, die Aids-Hilfe, Ausländerprojekte, Friedensinitiativen.

Gemeinsame Inszenierung und Rollenkarussell

Im *Unsichtbaren Theater* gibt es keinen klassischen Regisseur mehr, der seine Haupt- und Nebendarsteller, Stars und Statisten in Szene setzt. Jede Rolle ist wichtig. Dieses Konzept folgt dem von Boal in den 1960er Jahren am Teatro de Arena in São Paulo eingeführten kollektiven Aufführungsmodell. Alle spielten alle Rollen, egal ob Haupt- oder Nebenrolle, ob Mann oder Frau, alle sollten bei der Inszenierung mitwirken.

Mit einem gemeinsamen (auch szenischen) Brainstorming zur Themenfindung beginnt die Arbeit an einer unsichtbaren Theateraktion. Durch Improvisationen kristallisieren sich Handlung und Figuren heraus. Zunächst werden Protagonist(in) und Antagonist(in) der *Kernszene* konzipiert, danach die Figuren der *Satellitenszenen*. In einem *Rollenkarussell* wird jede Rolle konfiguriert, konturiert, rhetorisch, gestisch, proxemisch ausgestaltet und angereichert.

Das bedeutet: Jede(r) kann in jede Rolle schlüpfen und ihre/seine Variante zeigen, Vorschläge für die Rollenfindung, -ausgestaltung, -differenzierung und -erweiterung und die Zuspitzung eines Konflikts szenisch einbringen, ausprobieren, anspielen. Dazu gehört auch die Anreicherung der Szenen mit Fakten und Daten, die womöglich eigens recherchiert werden müssen. Aus allen so gesammelten verschiedenartigen Rollenangeboten und -vorschlägen soll ein kollektives, aber in sich stimmiges und tragfähiges Rollen-Mosaik und Handlungsgerüst entstehen.

Besondere Sorgfalt gilt dem Ende der *Kernszene* und dem Übergang zu den *Satellitenszenen*. Oft kulminiert oder endet eine *Kernszene* mit dem Abgang des Aggressors und/oder auch des ›Opfers‹. Spätestens jetzt sind die Akteure der *Satellitenszenen* (und die Zuschauer) gefordert.

Das *Rollenkarussell* hilft auch, herauszufinden, wer welche Rolle später »im Ernstfall« draußen spielen wird. Dabei soll niemand gedrängt werden, eine bestimmte Rolle zu übernehmen, es darf kein Gruppendruck erzeugt werden.

Um den Akteuren die nötige Sicherheit zu geben, sollte es auch Durchlaufproben geben, in denen alle genau getimten Auf- und Abtritte markiert, alle zentralen Stichworte und Argumentationsketten memoriert werden (vgl. Workshopprotokoll).

Figurencharakterisierung

Bereits als Theaterregisseur in Brasilien hatte Boal ein Aufführungskonzept nach dem Vorbild von Erwin Piscators Proletarischem Theater erarbeitet, das Figuren mit wechselnden Attributen als Träger von Sozialfunktionen kennzeichnete und Sozialrollen (Sozialmasken, wie Boal sie nennt) mit Hilfe von sozialen Symbolen, Rollenattributen, durchschaubar zu machen suchte. So hatte er in Inszenierungen des Teatro de Arena wie *Arena conta Tiradentes* (1967) beispielsweise eine Figur, die adliger Dichter und Großgrundbesitzer zugleich ist, mit einer Blume und einer Peitsche ausgestattet. In frühen

Schriften hat Boal Techniken zur Rollenkonstruktion und -dekonstruktion skizziert: der Polizist als Arbeitnehmer und Unterdrücker, der Priester als Beichtvater und Grundbesitzer. (Boal 1976: 165 ff.)

In seinen theoretischen Überlegungen und den von ihm beschriebenen Beispielen zum *Unsichtbaren Theater* ging Boal nur knapp auf solche Charakterisierungsmittel ein, wohl weil er der Improvisationsfreudigkeit und Theatererfahrung seiner Mitarbeiter vertraute.

Dabei können Maske, Kostüm und Accessoires im *Unsichtbaren Theater* eine wichtige »aufklärerische« Funktion übernehmen, wenn sie subtil eingesetzt werden: der Bourgeois wird nicht, wie bei George Grosz, durch dicke Zigarre und protzige Taschenuhr charakterisiert.

Wie sehr Auftreten und Kleidung die Zuschauerreaktionen beeinflussen, ist ganz konkret erfahrbar, wenn man z. B. eine Szene wie *Partnertausch* in verschiedenen Varianten, mit wechselnder Besetzung, wechselndem Outfit und entsprechender sozialer Charakterisierung durchspielt. Wären die Cafégäste genauso schockiert, wenn statt lässig gekleideter junger Leute solide ältere Herrschaften in Anzug und Krawatte »Bäumchen-wechsle-dich« zelebrieren? Gerade die nonverbale Darstellung lebt von visuellen Gegensätzen: alt/jung; elegant/ärmlich usw.

In der Probenarbeit ausreichend Zeit für Rollenkonzeption und Figurenprofil vorzusehen, bedeutet auch den gezielten und angemessenen Einsatz von Maske, Kostüm und Accessoires. Gerade auf realistische, geradezu naturalistische Details ist besondere Aufmerksamkeit zu legen, denn es kann schnell von zentraler Bedeutung sein, ob das Outfit an die Jahreszeit, an das Ambiente angepaßt ist, ob die Akteure in Minirock, Leggins und Stilettos auftreten oder in Kapuzen-T-Shirt und

Pudelmütze, unter denen sie sich verstecken können. Eine Schauspielerin in der Rolle einer Bettlerin erregte mit ihren gepflegten Händen das Mißtrauen von Cafégästen. Vor der Wiederholung der Szene in einer anderen ›Location‹ rieb sie sich die Hände mit Erde ein.

Timing

Als wesentliches Moment des *Unsichtbaren Theaters* betont Boal selbst immer wieder das perfekte *Timing*. Bei der Planung einer unsichtbaren Theateraktion darf nichts dem Zufall überlassen werden. Die Abfolge der Szenen wird in all ihren Details akribisch festgelegt. Boal selbst berichtet über gefährliche Pannen: Die ›Retterin‹ der Vergewaltigungsszene in Rennes kam infolge eines Staus zu spät, die (reale) Polizei zu früh! (Boal 1980: 88)

Multifunktionen

Wie in dem (mit den Jahren immer mehr idealisierten) Mythos vom Kollektiv des Teatro de Arena in São Paulo, in dem jeder Autor, Kulissenschieber, Schauspieler und Beleuchter zugleich war, gilt der Grundsatz des *Theaters der Unterdrückten* auch für das *Unsichtbare Theater*: *Jeder Mensch kann, darf – und soll – alles!*

Mit anderen Worten, jede(r) ist gleichzeitig oder nacheinander Dramatiker, Regisseur, Maskenbildner, Requisiteur, Hauptakteur und Inspizient. Aber das bedeutet auch, daß es für den einzelnen keine ›Drehpause‹ gibt, sondern alle jederzeit einsetzbar, in vielfältigen Funktionen gefordert sind:

abwechselnd mehrere Rollen spielen, Protokoll führen oder am Szenario mitschreiben, spontan improvisierte Dialoge notieren, Infomaterial recherchieren, die Probebühne umbauen, Requisiten und Kostüme beschaffen, die Partner schminken. Dadurch übernimmt jede(r) auch kollektive Verantwortung. Einigen Funktionen gilt besonderes Augenmerk.

Spielleiter

Bei Workshops mit Gruppen, die keine oder nur wenig Erfahrung mit *Unsichtbarem Theater* haben, übernimmt meist der Workshopleiter die Funktion des Spielleiters, Koordinators und Supervisors. In eingespielten Gruppen rotiert diese Funktion häufiger.

Darüber hinaus wirkt der Spielleiter während der ›Aufführung‹ verdeckt im Hintergrund: Er gibt den an einer Szene mitwirkenden Schauspielern per Handyanruf das Signal zu ihrem Auftritt, Hinweise, wo sie sich strategisch am besten positionieren sollen, erteilt über einen vorher verabredeten gestischen und mimischen Code unbemerkt Tips zum Forcieren oder Herunterfahren von Emotionen, Lautstärke usw. Er vermittelt den Akteuren schon allein durch seine Anwesenheit Sicherheit.

Der Spielleiter kann außerdem die szenische Diskussion unterstützen und auch selbst als Hilfs-Ich oder Retter in der Not in alle Rollen einsteigen und »die Kastanien aus dem Feuer holen«, deeskalierend intervenieren, wenn dies nötig sein sollte.

Als Mittler zwischen Bühne und Publikum, Fiktion und Wirklichkeit erfüllt der Spielleiter auch die Funktion des von Boal am Teatro de Arena in São Paulo eingeführten allgegenwärtigen ›Jokers‹, *Coringa* (Boal 1976: 173–223; *Curinga* heißt er in den späteren Schriften nach *Stop: c'est magique*, 1980).

Joker-Akteure

Die Bezeichnung *Joker-Akteure* (»atores-curingas«, vgl. Boal 1980: 120) hat sich in manchen Workshops für die Gruppenmitglieder durchgesetzt, die nicht an der eigentlichen Handlung beteiligt sind, nicht in der *Kernszene* oder den *Satellitenszenen* agieren, aber als ›unsichtbare‹ Drahtzieher die Aufmerksamkeit der Zuschauer auf etwas lenken, sie als ›Verstärker‹ in Gespräche verwickeln, Passanten, Cafégäste bereits im Vorfeld auf das Thema der aufzuführenden Szene hin aufzuwärmen versuchen. (Boal 1980: 85) Auch sie sind Mittler und bauen Brücken zwischen der fiktiven Szene der Protagonisten und Antagonisten und den mehr und mehr einbezogenen Zuschauenden.

Security

Einige Joker-Akteure, die sich vor Beginn oder während der Szene strategisch verteilt unter die Umstehenden gemischt haben, üben zusätzlich noch verantwortungsvolle *Security*-Funktionen aus. In Szenen, die aus dem Ruder zu laufen drohen, schützen sie als Bodyguard Protagonisten und Antagonisten und sichern ihnen den Rückzug. Auch dieses Szenario sollte immer geprobt werden. Das oberste Gebot heißt Deeskalation: Sie beschwichtigen als ›besonnene Bürger‹ das Wachpersonal im öffentlichen Raum, U-Bahn-Mitarbeiter, Kellner und aufgebrachte Passanten. Joker-Akteure lenken die Aufmerksamkeit der Zuschauer vom Vorfall ab und regen sie zu einer Diskussion über den Vorfall und das, was sich dahinter verbirgt, an.

Protokollanten

Nicht zu unterschätzen ist die Funktion des oder der Protokollanten, die nicht nur die kollektiv erarbeiteten Rollentexte der einzelnen Figuren schriftlich festhalten, sondern – wie im Regiebuch oder Drehbuch – auch die Auf- und Abtritte notieren, die gestischen, mimischen Zeichen, Aktionen und Reaktionen, den Einsatz von Requisiten (welche wann, wo, wie benötigt werden) festhalten und vielleicht auch Skizzen von Szenen, Kostüme, Standorten anfertigen.

Während der Aufführung beobachten sie auch Interventionen der Zuschauer, notieren sie vor Ort oder zeichnen sie als Gedächtnisprotokoll auf. Je detaillierter, desto hilfreicher sind diese Aufzeichnungen für das spätere Feedback, die Nachbereitung und Gruppenauswertung (Stichworte: Haben wir unser Ziel erreicht, was haben wir falsch gemacht, was können wir besser machen?).

Verantwortung für die Mitwirkenden

Noch mehr als die anderen Formen des *Theaters der Unterdrückten* verlangt *Unsichtbares Theater* von jedem einzelnen Verantwortung – in falschen Händen, unter falscher Anleitung kann es auch Unheil anrichten.

In Boals Gruppen gab es engagierte Debatten über die angestrebte gesellschaftsverändernde Wirkung, bei den Gruppendiskussionen im Anschluß an die im öffentlichen Raum gezeigten Inszenierungen ging es aber mehr um theatralische Perfektion und Durchschlagskraft. Risikofreude und spektakuläre Provokation um einer guten Sache willen gingen manchmal mit einer gewissen Sorglosigkeit einher.

Was macht Unsichtbares Theater mit den Mitwirkenden? Den bewußt Spielenden und den ohne ihr Wissen einbezogenen Zuschauern? Diese Frage wurde nur selten problematisiert. Wie aus Boals Notaten hervorgeht, wurden die Mitwirkenden mit eventuellen psychischen Folgen ziemlich alleingelassen. Das Risiko, daß der theatralen und publikumspädagogischen Wirkung zuliebe die Verantwortung gegenüber den Mitwirkenden vernachlässigt wird, ist beim *Unsichtbaren Theater* vielleicht noch größer als beim *Forumtheater.*

Umso wichtiger ist es deshalb, die Regeln des *Unsichtbaren Theaters* zu erweitern, über den strikten Gewaltverzicht hinaus, im Sinne der Verantwortung gegenüber den Mitwirkenden, den ›unsichtbaren‹, aber bewußt agierenden Schauspielern und den ›Zuschauern‹.

Die meisten szenischen Dispute und Diskussionen nach einer Szene *Unsichtbaren Theaters* laufen unter großer emotionaler Beteiligung ab und gewinnen dadurch oft eine Eigendynamik, die man durch geschickte Diskussionsführung auf eine sachliche Ebene lenken sollte – was aber nicht einfach ist, wenn die Beteiligten wörtlich ›betroffen‹ sind. Die Schauspieler der *Satellitenszenen* haben die Diskussion zwar in Gang gebracht, ziehen sich aber allmählich zurück und übergeben die ›Szene‹ den ›Zuschauern‹, die zuletzt untereinander diskutieren, aber dabei sich selbst überlassen sind. Das allerdings ist einer der Kritikpunkte am *Unsichtbaren Theater.* Selbst Zuschauer, die nicht mitagiert, nicht mitdiskutiert haben, sind vielleicht vom gespielten Geschehen betroffen und müssen jetzt allein ein Ereignis verarbeiten, das im Extremfall traumatisierend auf sie gewirkt hat, denn sie haben es als Realität erlebt, nicht als Theater, also nicht als ›Kunst-Ereignis‹, wahrgenommen.

»Zur Steigerung der Wirkungsmöglichkeiten, auf die sich alle ästhetischen Überlegungen des Straßentheaters beziehen, gehört auch, daß der Zuschauer nach der Vorstellung nicht den Mantel in der Garderobe abholt und nach Hause geht. Das Straßentheater überläßt den Zuschauer nicht sich selbst; die Agitation wird in anderer Form weitergeführt, das Spiel geht in die Realität über.« (Hüfner 1973: 19) Uns geht es nicht um eine ideologische Nachbereitung, im Sinne des Agitprop, wie sie hier bei Agnes Hüfner zum Ausdruck kommt, wesentlich ist für uns: der Zuschauer soll nicht allein gelassen werden.

Da die *Satellitenszenen* im Gegensatz zur *Kernszene* ein offenes Ende haben, entscheiden die ›unsichtbaren Schauspieler‹, wie lange sie mit ›Zuschauern‹, die sie in ein Gespräch verwickelt haben, weiterdiskutieren. Sie sollten die Gespräche sachlich und verantwortungsbewußt führen, nie abrupt beenden. Sie sollen aber auch in der Lage sein, Grenzen zu setzen.

Die Verantwortung gilt auch gegenüber den ›unsichtbaren Schauspielern‹, an die hohe Anforderungen gestellt werden.

Bei den Vorbesprechungen und auf den Proben debattieren und bearbeiten die Gruppenmitglieder Themen aus ihrem persönlichen Erleben und ihrer eigenen Erfahrung. Auch hier kochen Emotionen hoch, brechen sich Gefühle Bahn. Insbesondere in den *Kernszenen* wird den Schauspielerinnen und Schauspielern einiges abverlangt.

Das betrifft sowohl die schauspielerischen Fähigkeiten wie die Bereitschaft und Eignung, sich einer Belastung, einer dramatischen Situation in der Öffentlichkeit auszusetzen. Ein Opfer oder einen Täter zu verkörpern, einen Wutanfall oder einen psychischen Zusammenbruch zu spielen ist im geschützten Raum der Bühne etwas anderes als im öffentlichen Raum. Positive Gruppendynamik, Empathie füreinander, gegenseitiges Vertrauen sind deshalb Grundvoraussetzung für das *Unsichtbare Theater*.

IV. AUFZEICHNUNGEN AUS EINEM WORKSHOP

Workshop-Schema

Das *Unsichtbare Theater* ist kein Theater mit einer festen Adresse und einem festen Spielplan. Man kann eine Unsichtbare Theateraktion auch nicht besuchen wie die Aufführung eines Staatstheaters oder eines Off-Theaters. Es liegt in der Natur der Sache, daß die Akteure unsichtbar bleiben wollen, um wirken zu können. Daher gibt es keinen festen Veranstaltungsort und auch keinen übergeordneten ›Träger‹, Verband oder Verein, allerdings Netzwerke wie The International Theatre of the Oppressed Organisation*, auf dessen *Yellow Pages* man sich über Gruppen und Einrichtungen informieren kann, die *Unsichtbares Theater* anwenden und auch Workshops anbieten.**

Ein Anliegen des Buches ist, Theaterleuten, interessierten Instituten und Initiativen, die *Unsichtbares Theater* praktizieren wollen, einen Leitfaden in die Hand zu geben.

Die meisten Gruppen, die *Unsichtbares Theater* praktizieren, finanzieren sich in der Regel selbst, bekommen keine Subventionen, die Teilnehmer arbeiten auf freiwilliger Basis, sie organisieren sich selbst. Als Probenräume dienen oft Privatwohnungen. Es gibt auch keinen Fundus mit Requisiten und Kostümen – die Teilnehmer bringen sie von zu Hause

---

* Siehe www.theatreoftheoppressed.org

** Weitere Adressen für den deutschsprachigen Raum siehe am Ende des Buches.

mit. Der konsumierte Kaffee (Sekt o. ä.) wird aus der gemeinsamen Kaffeekasse bezahlt.

Man kann *Unsichtbares Theater* auch nicht studieren. Es gibt keinen eigenen Ausbildungsgang, es entzog sich lange der ›Curricularisierung‹ und wird an Schauspielschulen oder theaterpädagogischen Instituten meist nur sporadisch angeboten. Eine Ausnahme ist die Akademie für Gruppe und Bildung (AGB) in Wien, wo ich im Rahmen des theaterpädagogischen Lehrgangs »Zwischen Selbsterfahrung und politischer Aktion« seit 1995 gemeinsam mit Lisa Kolb-Mzalouet regelmäßig praktische Seminare zum *Unsichtbaren Theater* durchführe, für die man auch ein Zertifikat erhält.

Oft sind es Gruppen der Freien Theaterszene oder politische Aktionsgruppen, die sich entschließen, zusätzlich zu anderen Produktionen und Aktivitäten auch Unsichtbare Theateraktionen durchzuführen.

Bei Gruppen, die *Unsichtbares Theater* praktizieren, ist zu unterscheiden zwischen Gruppen, die zum ersten Mal zusammenkommen, und ›eingespielten‹ Gruppen, deren Mitglieder sich kennen und regelmäßig treffen, um einen ›öffentlichen Auftritt‹ zu inszenieren. Davon hängt auch ab, wie viele Probentage nötig sind.

Manchmal beginnt eine Gruppe am zweiten Tag mit der Szenenarbeit, manchmal am dritten, einige Gruppen wissen schon nach drei Vignetten (Miniszenen von 5 bis 10 Minuten), wohin die Reise geht. Andere Gruppen bauen etliche Vignetten und diskutieren lange, bis sie ›ihre‹ Themen finden. In den von mir angeleiteten Workshops erarbeiten wir meist nur eine Unsichtbare Theateraktion, die dann vielleicht mehrmals hintereinander in verschiedenen Varianten und an unterschiedlichen Schauplätzen gespielt wird.

Gerade bei einem offenen und flexiblen Ablauf bietet sich

eine Gliederung in Module an, wie sie sich heute im Lehrbetrieb als thematische Einheit durchgesetzt hat. So kann sich ein Modul über zwei Tage erstrecken, nur selten jedoch finden zwei Module an einem Tag statt. Ein Workshop umfaßt folgende fünf Module und dauert meist vier bis fünf Tage.

Modul I

- Kennenlernrunde
- Aufwärmübungen und Spiele
- Einführung in die Geschichte und die Ziele des *Theaters der Unterdrückten* und des *Unsichtbaren Theaters*
- Gruppenspiel
- Hausaufgabe

Modul II

- Vignetten (mit *Sharing* und *Feedback*)
- Themensuche und -festlegung (Brainstorming, Diskussionsrunde)
- Allgemeine Schauplatzfestlegung (z. B. Café, Supermarkt, U-Bahn)
- Erste Probe der *Kernszene*
- Lokaltermin (Erkundung des Spielorts)

Modul III

- Genaue Festlegung des Spielorts (Café X, Supermarkt Y, U-Bahnhof Z)
- Probe *Kernszene*
- Probe *Satellitenszenen*
- Durchlaufproben (mit Rollenbesetzung, genauem Timing, Memorieren, Markieren)
- Generalprobe (mit Maske und Kostüm)

Modul IV

- Aufführung im öffentlichen Raum
- Nachbesprechung (Entrollen, Entlasten)

Modul V

- Auswertung, Feedback (Rollenfeedback, persönliches Feedback, Gruppenfeedback)
- Theoriediskussion (Verbesserungsvorschläge)
- Blick zurück nach vorn (Planung weiterer Treffen und Aktionen)

Die folgende Workshop-Dokumentation setzt sich aus den Protokollen meiner Berliner Gruppe zusammen, deren ›harter Kern‹ sich regelmäßig trifft, um gemeinsam *Unsichtbares Theater* zu praktizieren.
Da die Teilnehmerinnen und Teilnehmer weiterhin ›unsichtbar‹ bleiben wollen, wurden ihre Namen geändert. Das Protokoll folgt dem vorangestellten »Workshop-Schema«: vom ersten Treffen, dem Gruppenspiel, den Hausaufgaben über die ersten Vignetten, die gemeinsamen Diskussionen zur Themenfindung, das erste Anspielen bis hin zu den Endproben und der »Aufführung«.

Ein Workshop läuft oft nicht so geradlinig ab, wie es sich vielleicht manche Workshopleiter und -teilnehmer wünschen. Im Brainstorming evozieren einzelne Teilnehmer wichtige, auch traumatische Begebenheiten, im weiteren Verlauf erweisen sich manche Themen als Sackgassen, andere dagegen finden das Interesse der meisten Teilnehmer. Deshalb kann die Durchdeklinierung des Workshopablaufs vom Gruppenspiel über die Vignetten bis zur Herauskristallisierung einer Unsichtbaren Aktion keinen realen Ablauf abbilden. Vielleicht gäbe eine solche schematische Darstellung dem, der *Unsichtbares Theater* praktizieren will, eine gewisse Sicherheit - aber sie entspricht nicht der Realität.

Das Mäandern der Gruppendiskussion, die eben nicht straight zum Punkt führt, ist Psycho- wie Theaterworkshopteilnehmern wohlvertraut.

Ebensowenig darf man sich den gruppendynamischen Prozeß als zielgeleitete harmonische Zusammenarbeit vorstellen. Gruppendynamische Verwerfungen sind oft die Regel. Ein noch nicht so erfahrener Workshopleiter weiß oft nicht, worauf er sich da einläßt, und wundert sich dann, warum keine Unsichtbare Theateraktion entsteht.

Unsichtbares Theater kann nur stattfinden, wenn die Gruppendynamik funktioniert, oder umgekehrt: Eine Unsichtbare Theateraktion kann scheitern, wenn der gruppendynamische Prozeß nicht stimmt.

Wie in meinem Protokoll zum Workshop Augusto Boals in Santarcangelo (dort ging es um die Erarbeitung von *Forumtheater*-Szenen, siehe *Theater der Unterdrückten*, 1989, S. 119-156), möchte ich hier sowohl den Arbeitsprozeß als auch den Workshopverlauf unter seinen gruppendynamischen Bedingungen möglichst realistisch nachzeichnen.

Zwei Prozesse sollen dabei sichtbar gemacht werden: 1. die Erarbeitung einer Unsichtbaren Theateraktion und 2. der authentische Workshopverlauf, beide realitätsnah und zugleich idealtypisch beschrieben.

Natürlich ist es kein leichtes Unterfangen, den Arbeitsprozeß als auch den gruppendynamischen Prozeß mit einer didaktischen Anleitung für ein Theaterhandbuch zu verbinden, sozusagen die Gegensätze »normativ« und »deskriptiv« zusammenzuzwingen. Es ist auch deshalb nicht einfach, weil die didaktische Absicht nicht den realitätsnahen Verlauf eines Workshops ›begradigen‹ soll.

Das *Unsichtbare Theater* – und dazu gehört auch der Workshop – ist ein ›offener Text‹. Es würde der Methode widersprechen, ein verbindliches ›Modell‹ von der Probe zur Aufführung aufstellen zu wollen, das Punkt für Punkt abgearbeitet werden soll. Daher habe ich beim Workshop-Protokoll auch keine »dichte Beschreibung« angestrebt. Der Praktiker soll innerhalb eines weitgesteckten Rahmens kreativ experimentieren können.
So werden bei der Beschreibung der einzelnen Module unterschiedliche Geschichten präsentiert, einmal um die thematische Vielfalt und Anwendungsbreite dieser Theaterform zu zeigen und gleichzeitig Anregungen (um nicht zu sagen, ›Vorlagen‹) zu bieten für Praktiker, ähnlich wie das Repertoire des Unsichtbaren Theaters von Boal, das bis heute immer noch nachgespielt wird. Zum anderen lassen sich einzelne Schritte und Variationen an einem bestimmten Beispiel anschaulicher darstellen als an einem anderen.

Erster Workshoptag

Der Workshop findet in der Berliner Altbauwohnung einer Teilnehmerin statt. Wir sitzen im Kreis, auf Kissen und Stühlen, in einem etwa 35 Quadratmeter großen Zimmer. Den Eßtisch haben wir hinausgetragen, die anderen Möbel an die Wand gerückt.

Die Gruppe

Wir kennen uns unterschiedlich lange. Einige haben durch Teilnahme an Workshops zum *Theater der Unterdrückten* nach Augusto Boal Erfahrung mit *Unsichtbarem Theater*, andere sind neu dazugekommen, wurden von Freunden mitgebracht, andere sind von Boals Buch *Theater der Unterdrückten* motiviert worden. Wir treffen uns sporadisch mehrmals im Jahr, um uns auszutauschen, »Aktionen« im öffentlichen Raum zu planen, zu proben und durchzuführen.

Wir, das sind in alphabetischer Reihenfolge:

Agathe, 58, Schauspielerin, hat es satt, »im Bühnenkäfig eingeschlossen immer gegen die Vierte Wand zu rennen«. Sie will dem Zuschauer »ins Gesicht springen«. (In ihrer Wohnung finden die Workshops statt.)

Bodo, 43, Pastor, hat mehrere Jahre in Basisgemeinden in Lateinamerika gearbeitet.

Eva, 33, Schauspielerin, im festen Engagement an einem Stadttheater, will nicht nur »schöne Tode sterben«, sondern »Menschen wirklich erreichen« und etwas bewegen.

Hedwig, 43, Gesangslehrerin, hat zwei erwachsene Kinder, will etwas tun, damit diese »traurigen Massen von Menschen« mehr aus sich herausgehen.

Jan, 25, Sozialarbeiter, arbeitet mit männlichen Jugendlichen im offenen Vollzug, hat Erfahrung mit *Forumtheater*, erhofft sich vom *Unsichtbaren Theater* explizite Techniken für die Präventionsarbeit.

Karlheinz, 61, Gymnasiallehrer im Vorruhestand, leitete eine Theater AG.

Markus, 23, engagierter Schwuler, und Martha, 23, bekennende Lesbe, studieren Theaterwissenschaft, wollen »bei so viel abgehobener Metaebene« den Bezug zur Praxis herstellen.

Martin, 31, Kommissar und Theaterfan, möchte sich mit Theatermethoden für Anti-Gewalt-Projekte weiterqualifizieren.

Naomi, 28, Psychologin, kommt aus Ghana, berät in einer sozialen Einrichtung vor allem Frauen. Sie möchte, daß Frauen »mehr Gesicht zeigen«.

Olaf, 34, Schauspieler in der Freien Szene, engagiert sich in der Umweltbewegung, hat Erfahrung mit Aktionen, sucht neue Ideen und Methoden für seine politische und künstlerische Arbeit.

Vanessa, 25, Sozialpädagogin, arbeitet mit Alkoholabhängigen, hat Erfahrung mit *Forumtheater*, will ihre »Theaterschiene« weiter ausbauen.

Workshopleiter: das bin im konkreten Fall ich, sozusagen die Integrationsfigur der Gruppe, ich übernehme auch die Funktion des Spielleiters, die in erfahreneren Teams jedoch auch rotieren kann. (Zu den Aufgaben, die der Workshopleiter als Spielleiter übernimmt, und den vielfachen Funktionen des Spielleiters siehe S. 84.)

Vorstell- und Kennenlernrunde

In der Kreismitte steht eine Vase mit einem bunten Blumenstrauß. Da wir uns noch nicht alle kennen, machen wir eine Vorstell- und Kennenlernrunde: »Laßt Blumen sprechen«. (Man kann natürlich auch Tiere für sich sprechen, Schuhe erzählen lassen etc.) Jede Teilnehmerin, jeder Teilnehmer sucht sich eine passende Blume aus, die kurz den beruflichen Werdegang und die aktuelle Befindlichkeit schildert. Eine Nelke, die von Vanessa ausgewählt wurde, erzählt z. B., daß Vanessa sich nach Urlaub in Portugal sehnt, daß sie als Sozialpädagogin einen stressigen Arbeitstag hinter sich hat, gerade noch rechtzeitig zum Workshop gekommen ist und mal wieder keinen Parkplatz gefunden hat. Sie ist sehr gespannt darauf, was am Wochenende alles passieren wird. Eine rote Rose schildert, wie Agathe an einem Boulevardtheater den ganzen Tag ein langweiliges Zweipersonenstück geprobt hat, immer ungeduldiger wurde, in Gedanken schon beim *Unsichtbaren*

Theater war: »Da wird sie aufblühen und lernen, auch ihre Dornen zu zeigen.«

Eine Kornblume beschreibt Martin. Der Polizist hat sich sehr auf den Workshop gefreut, hat extra seinen Dienstplan geändert, in Gedanken ist er aber noch bei seinem vierjährigen Sohn, der in der Kita am Morgen einem Spielkameraden sein Schäufelchen auf den Kopf geschlagen hat.

Als letzter der etwa 50minütigen Kennenlernrunde stelle ich mich als Workshopleiter kurz vor und erkläre den Ablauf des Workshops an diesem Wochenende (vgl. Schema) und das heutige Nachmittags- und Abendprogramm:

Eine Einführung in die Geschichte des *Theaters der Unterdrückten* und des *Unsichtbaren Theaters*, ein Gruppenspiel und die Auswertung des Gruppenspiels. Und nicht zu vergessen: die Hausaufgaben!

»Ich werde euch Theatertechniken zeigen, die ihr vielleicht noch nicht kennt, wir werden sie zusammen anwenden. Aber ich werde mich dabei im Hintergrund halten. Wie ein Fahrlehrer, der zeigt, wie's geht, aber fahren müßt ihr selbst! Wenn es riskant wird, kann ich notfalls auf die Bremse treten!«

Zu Beginn und Ende der Sitzungen und auch zwischen den Arbeitsphasen können auf Wunsch der Gruppe *Sensitivity*-Übungen vom Aufwärmen bis *Cool Down* aus dem Repertoire von Boals *Übungen und Spielen* stattfinden, auch können die einzelnen Sequenzen durch kurze Theoriediskussionen unterbrochen und ergänzt werden.

Gruppenspiel »Öffentlicher Raum«

Nach meiner kurzen Einführung in die Geschichte des *Unsichtbaren Theaters* folgt das Gruppenspiel, das eine erste Einstimmung auf einen möglichen Handlungsort für die zu erarbeitende Unsichtbare Aktion sein soll: Wir imaginieren einen real existierenden öffentlichen Raum der Stadt, in der wir leben. Was verbinden wir mit bestimmten Straßen, Plätzen, Shoppingcentern, U-Bahn-Stationen?

Das Gruppenspiel soll die Mitwirkenden für den öffentlichen Raum sensibilisieren, zugleich aber auch mit dem ›Probenraum‹ vertraut machen, aufwärmen, spielerisch und kreativ in Kontakt bringen, es soll Spaß machen, Spielfreude wecken.

Im Zentrum steht der öffentliche Raum: seine Architektur, seine ›Möblierung‹, Menschen, die sich in ihm bewegen, leben, arbeiten. Der öffentliche Raum soll von den Teilnehmern in der Imagination gespürt, bespielt, gestaltet werden. Alles ist spielbar: nicht nur Menschen, sondern auch Tiere, Hund und Katze, auch eine Laterne, ein Mülleimer oder eine Drehorgel können sprechen. Gegenstände können von sich erzählen und davon, wie Menschen mit ihnen umgehen.

Aus mehreren Vorschlägen (Alexanderplatz, Gendarmenmarkt, Kottbusser Tor, Museumsinsel, Schlemmer-Etage im Kaufhaus KaDeWe) wird der Ort Bahnhof Zoo ausgewählt.

Welche ›Sozialtypen‹ treten auf, halten sich dort regelmäßig auf, flanieren, streichen um die Ecken, hetzen die Rolltreppen hinauf und hinunter? Für wen ist der Bahnhof Zoo Ort der Ankunft oder Ort des Abschieds, Durchgangsstation, Arbeitsort, gar Wohnzimmer?

Egal, ob man einen Menschen, ein Tier oder einen Gegenstand spielt, auffällige oder unauffällige Gestalten, man muß der Rolle Leben einhauchen: über den Körper, Mimik, Gestik, Proxemik, über Maske, Kostüm, Sprechen, Schreien,

Flüstern, Singen, Lachen, Weinen, Verstummen. Auch kleine und scheue Gesten sollen so dargestellt werden, daß sie gesehen, gehört, wahrgenommen werden. Oft zieht gerade das Versteckte die Aufmerksamkeit an. Die ›Zeichen‹ sollen lesbar sein, wobei sich die Konnotationen von Spieler und Betrachter oft nicht decken, sondern erst in der Nachbesprechung entschlüsselt werden. Klischees und Stereotype sind dabei sogar erwünscht, damit über sie diskutiert wird. Niemand soll verraten, welche Rolle er spielt.

Nachdem die Teilnehmerinnen und Teilnehmer den Gruppenraum andeutungsweise zum Bahnhof Zoo hergerichtet haben, verkleiden sie sich in Agathes Flur und Schlafzimmer, die zu Kleider- und Requisitenkammern umfunktioniert wurden. Hier wurde alles gestapelt, was sie von zu Hause mitgebracht haben, von Smoking bis Küchenschürze, von Panamahut bis Pudelmütze, vom 50er-Jahre-Handtäschchen bis zum Picknickkorb, von Fäustlingen bis zum Muff.

Auf ein Zeichen betreten die Personen den imaginären Bahnhof Zoo. Das Spiel beginnt. Es dauert in der Regel 20 Minuten, Zeit genug, um spontane Einfälle umzusetzen, nicht zu lang für Endlosschleifen (in denen man sich nur wiederholt), aber auch nicht zu kurz, denn die Figuren sollen genügend Zeit und Raum haben, um sich zu spüren, sich zu entwickeln.

In der unmittelbar anschließenden Nachbesprechung schildern die Mitwirkenden selbst ihre Eindrücke. Aus den einzelnen Berichten aus der Innen- und Außenperspektive ergibt sich ein Gesamtbild vom imaginären Bahnhof Zoo.

Die Darsteller haben sich inzwischen ›entrollt‹, d. h. ihre Rolle abgelegt, das Kostüm ausgezogen, sich wieder abgeschminkt. Jede(r) gibt zunächst ein Feedback *aus* der Rolle: berichtet, was er/sie in der Rolle erlebt hat, wie er/sie sich selbst als Figur erlebt hat, ob und wie er/sie sich von den anderen wahrgenommen fühlte, Kontakt herstellen konnte oder wollte.

Agathe hat mit Wettermantel und Kopftuch eine Zeugin Jehovas gespielt, mit einer erbaulichen Broschüre in Brusthöhe. Sie habe sich nicht getraut, jemanden anzusprechen, weil sie Angst vor hämischen Bemerkungen hatte und auch vor dem Polizisten, der sie immer so schief angeschaut habe. Sie hatte das Gefühl, ständig ›auf dem Quivive zu sein‹ und ihren Stammplatz verteidigen zu müssen.

Martin, der mit weißer Schirmmütze und Pistolenkoppel den Polizisten gespielt hat, sagt, er habe für die alte Frau große Sympathie empfunden, weil sie so mit Inbrunst ihr Blättchen hochgehalten hat. Er möchte auch noch so naiv an etwas glauben können. »Und dann bin ich an den Imbißstand gegangen und habe mir meine Currywust geholt, die ich immer umsonst kriege, weil der Imbißverkäufer weiß, daß ich weiß, daß er illegal in Berlin ist.«

Olaf, der den Imbißverkäufer gespielt hat, sagt, er habe wirklich einen Illegalen gespielt, der dem ›Bullen‹ eine Currywurst 'rüberschiebt, damit er ihm keine dummen Fragen stellt. Überhaupt, die Leute am Bahnhof Zoo seien okay, obwohl mehrheitlich Deutsche.

Vanessa, als Blumenverkäuferin, hat sich gewundert, daß so wenig Leute Blumen kaufen. Sie fand sich in ihrem Minirock und ihrer ausgeschnittenen Bluse richtig sexy, aber das sei wohl nicht angekommen. Sie hoffte, als Eliza Doolittle angesprochen zu werden und einen besseren Herrn kennenzulernen. Da sei aber immer nur so ein schmieriger Typ um sie herumgestrichen, der ihr leise ordinäre Sachen gesagt habe.

Bodo: »Das war ich. Ich war ein Freier. Ich hatte mir ein

Kissen unters Hemd gestopft. Und ich habe zu ihr gesagt: ›Du blöde Schlampe, was willst denn du hier?‹ Ich wußte nicht, daß du eine Blumenverkäuferin bist, ich habe dich für eine drogenabhängige Prostituierte gehalten. Hier ist der Schwulenstrich. Die macht den Jungs den Platz streitig.«

Vanessa: »Das habe ich nicht verstanden. Ich dachte, was ist denn das für ein verklemmter Typ!«

Markus: »Und ich war ein Fahrkartenautomat. Aber keiner ist gekommen und hat meinen *Screen* berührt, wonach ich mich so gesehnt habe. Das war total frustrierend. Du stehst da rum, und keiner kommt. Bis auf diesen jungen Typen, der im Rückgeldschacht nach Kleingeld gesucht hat. Ich habe mir dann gedacht, vielleicht sollte ich mit metallener Computerstimme Kunden anlocken.«

Bodo: »Und ich hab gedacht, du bist ein frecher Stricher. Ich hab dich doch gefragt, was kostet die Fahrt. Und du hast gesagt, fünfzig Euro. Und ich hab gesagt, du bist doch ein Regionalexpreß und kein ICE, ich zahl nicht mehr als zwanzig Euro für das Ticket. Ich hab das metaphorisch gemeint!«

Markus lacht: »Das habe ich nicht kapiert!«

Jan zu Bodo: »Der Stricher war doch ich! Ich hab dir mehrmals zugeblinzelt und mir zwischen die Beine gefaßt.«

Bodo: »Du warst mir zu sehr auf Droge und zu ungepflegt. Ich wollte was Besseres.«

Jan: »Am Bahnhof Zoo?«

Hedwig hat eine Frau im Wintermantel gespielt mit einem schweren Koffer: »Ich habe mehrere Leute gefragt, sie möchten mir doch bitte helfen und den Koffer hoch zum Bahnsteig tragen. Aber es hat mir keiner geholfen. Die jungen Leute schon gar nicht. Ich habe sogar den Polizisten gefragt. Der hat gesagt, das sei nicht seine Aufgabe, ich solle mir einen Gepäckträger holen. Das fand ich ein starkes Stück.«

In einer zweiten Feedback-Runde berichten die Gruppenteilnehmer, wie sie sich selbst in der Rolle erlebt haben, ob und wie sie sich in die Rolle einbringen konnten, was die Rolle in ihnen ausgelöst hat.

Auch wenn es sich bei dem Workshop zum *Unsichtbaren Theater* um einen Theaterworkshop handelt und nicht um ein Psychodrama oder Selbsterfahrungswochenende, berührt die gespielte Rolle möglicherweise etwas in einem selbst oder belastet die Gruppendynamik. Nach dem alten Psychotherapeutengrundsatz »Störungen haben Vorrang« muß die Gruppe bereit sein und sich Zeit nehmen, um sich auf solche ›Störungen‹ einzulassen und mit ihnen auseinanderzusetzen. Es kann dann durchaus sein, daß ein psychodramatisches Protagonistenspiel entsteht, in dem der Betroffene das, was in ihm angerührt wurde, ergründen will. Das setzt aber großes gegenseitiges Vertrauen und erfahrene Leiter voraus. Bei diesem Gruppenspiel kam es zu keiner psychodramatischen Einzelarbeit.

Agathe hatte ihre Rolle spontan gewählt, dann bereut, weil dieses stumme Dastehen »wie eine Salzsäule« nicht zu ihrem Naturell passe. Sie gehe immer auf Menschen zu, suche die Kommunikation. Sie hat sich falsch besetzt und deplaziert gefühlt.

Martin findet es komisch, daß er als Berufspolizist im Gruppenspiel eine Polizistenrolle gewählt hat: »Vielleicht hatte ich Angst vor etwas anderem. Eigentlich wollte ich einen richtig fiesen Bullen spielen. Aber irgendwie ist mir das nicht gelungen.«

Olaf ist erstaunt, daß er sich als illegaler Currywurstverkäufer so gut gefühlt hat. Er wollte die Angst vor Bedrohung spielen, aber die sei bei ihm merkwürdigerweise nicht aufgekommen.

Vanessa war glücklich mit ihrer Rolle. »Ich konnte einfach aus mir herausgehen, meine Reize zeigen, alle anlächeln kostet nichts. Das mache ich sonst nicht. Ich habe aber auch gemerkt, vielleicht ist es besser, mit den Reizen zu geizen, da ist ›frau‹ interessanter.« Sie lacht.

Bodo: »Ich wollte mal wissen, wie sich das anfühlt, so eine zwanghafte Suche, innere Unruhe. Hat sich aber nicht eingestellt. Ich war irgendwie innerlich ganz kalt, unbeteiligt. Merkwürdig. Ich sehe bei Freiern immer so etwas Gehetztes, so einen flackernden Blick. Ich glaube, ich habe keine wirklich neue Erfahrung gemacht. Aber es ist ja auch nur ein kurzes Spiel gewesen.«

Markus stöhnt: »Einen Fahrkartenschalter würde ich nicht noch einmal spielen, eher einen kleinen Pitbull, der widerliche Leute in die Waden beißt. Ich habe auch geschwankt, aber ich fürchtete, ich könnte zu aggressiv werden. Ich kenne mich.«

Hedwig: »Also, die Erfahrung, die ich in der Rolle gemacht habe, möchte ich nicht in der Wirklichkeit machen. Völlig hilflos und alleingelassen. Schrecklich. Oder habe ich das nicht rübergebracht?«

Agathe: »Ich hatte den Impuls, zu helfen, aber ich konnte ja meinen Standplatz nicht verlassen. Aber warum eigentlich nicht?«

Jan: »Ich habe nicht geholfen, weil ich dachte, die denkt, ich will ihr den Koffer klauen. Und dann nimmt mich der blöde Bulle hoch. Was die Rolle mit mir gemacht hat? Viele meiner jugendlichen Knackis schaffen am Bahnhof Zoo an. Ich kenne deren Seelenleben ziemlich genau. Insofern habe ich nichts Neues erfahren. Ich habe nur versucht, das, was die mir erzählen, nachzuspielen.«

Agathe: »Das war schon sehr authentisch. Man hat gemerkt, daß du dich auskennst.«

Eva, Naomi und Karlheinz wollten sich nicht verkleiden und in eine Rolle schlüpfen. Sie wollten sich als sie selbst am Bahnhof Zoo aufhalten und diesen Ort auf sich wirken lassen.

Karlheinz: »Ich wollte meine Frau vom Zug abholen. Es war wie immer. Ziemlich authentisch. Ich fühlte mich nur etwas bedrängt. Aber das hat mit unserem Probenraum zu tun. Am realen Bahnhof kämen mir Leute nicht so nahe bzw. ich würde sie nicht so nah an mich heranlassen. Ansonsten, keine besonderen Vorkommnisse.«

Eva: »Ich saß auf einem Hocker und habe einen Espresso getrunken, war also in einer guten Beobachterposition und relativ sicher. Das war mir wichtig. Ich wollte mich an dem Ort nicht exponieren.«

Naomi: »Ich hatte überlegt, einen niedlichen kleinen Hund zu spielen. Aber dazu hätte ich einerseits ein liebes Frauchen gebraucht. Andererseits hatte ich keine Lust, mich irgendwelchen Tritten auszusetzen. Es reicht mir schon, wenn ich als Frau und als Schwarze erniedrigt werde. Ich wollte mich auf eine Bank setzen und die Szene beobachten, sehen, was geschieht, wer zu mir kommt, ob ich mit jemandem in Kontakt komme. Aber es gibt im Bahnhof Zoo ja keine Bänke mehr. Also stand ich dumm herum. Keiner hat mich beachtet, war auch gut so.«

Mit einer *Cool-Down*-Übung, hier einer gegenseitigen Rückenmassage, endet der erste Workshoptag.

Hausaufgaben

Die Gruppe erhält zwei *Hausaufgaben* zur Auswahl. Je nach Gruppe und Dauer des Workshops können die Hausaufgaben auch auf zwei Tage verteilt werden.

Die erste besteht darin, den Ort des Gruppenspiels aufzusuchen und ihn mit unseren Vorstellungen zu vergleichen. (Agathe und Bodo wollen noch am selben Abend zum Bahnhof Zoo fahren und prüfen – diesmal als Beobachter, ohne selbst als Figuren zu agieren –, ob er mit ihrem imaginären Bild übereinstimmt.)

Die zweite *Hausaufgabe,* die manchmal auch nach dem zweiten Gruppentag gegeben wird, besteht aus zwei Teilen: Im ersten geht es darum, daß die Teilnehmer auf ihrem Nachhauseweg alles um sie herum mit geradezu photographischer Genauigkeit registrieren und dabei auch sich selbst beobachten. Im zweiten Teil der Aufgabe sollen sie versuchen, mit ihrer Umgebung zu kommunizieren.

Hausaufgabe Teil 1: Beobachten

Ich verlasse den Workshopraum. Ich trete auf die Straße, gehe mit offenen Augen den Bürgersteig entlang, beobachte alles genau wie ein Kameraauge: Wird es dämmrig, oder ist es schon dunkel, sind wenige oder viele Menschen auf der Straße, junge Leute, alte Leute, führt da vorn ein Herrchen seinen Hund aus? Da ist eine Straßenlaterne ausgefallen, dort lehnt ein unabgeschlossenes Fahrrad an einem Baum. Zwei Männer sitzen in einem geparkten Auto, bei laufendem Motor, bei ausgeschalteten Scheinwerfern. Wer geht vor mir, neben mir, hinter mir, beschleunigt da jemand seinen Schritt, überholt mich, streift mich mit dem Ärmel? Beschleicht mich ein ungutes Gefühl? Fühle ich mich sicher? Wie bewege ich mich, gehe ich schnell oder langsam? Ich höre meine Schritte.

Was für Schuhe trage ich? Gehe ich gebeugt oder aufrecht? Schleppe ich Plastiktüten, habe ich einen Rucksack über der Schulter? Oder bin ich ein Flaneur?

Auf den Rolltreppen der U-Bahn-Station: Wer drängt sich da vorbei? Auf dem U-Bahn-Steig: Holzbänke. Abmontierte Mülleimer. Kein U-Bahn-Mitarbeiter in Sicht. Ein Zeitungskiosk. Die Notrufsäule. An der Bahnsteigrampe eine Mutter mit Kinderwagen, ein älterer Mann im Wettermantel mit einem kleinen Jungen an der Hand. Was lösen diese Bilder in mir aus? Auf der Bank ein alkoholisierter Mann mit einer Flasche in der Hand, der Selbstgespräche führt. Oder telefoniert er? Wie ist er gekleidet, was mag in der Jutetasche sein? Sammelflaschen oder Biogemüse? Wie schauen ihn die Menschen auf dem U-Bahn-Steig an, angewidert, mitleidig? Schauen sie weg?

Im U-Bahn-Wagen: Wer steigt aus, wer steigt zu, wie verändert sich das Bild der ›Sozialtypen‹ von Station zu Station, auf dem Weg von Charlottenburg nach Kreuzberg? Wer sitzt wo? Setzen sich Frauen zu Männern, Deutsche zu Menschen mit Migrationshintergrund? Wie laut oder leise reden sie? Sind es Touristen, Jugendliche etc.?

Hausaufgabe Teil 2: Kommunikation

Dieses Experiment sollten nur Gruppenmitglieder wagen, die sich das zutrauen oder zu zweit unterwegs sind und die mit der Situation, die möglicherweise entsteht, umgehen können: Was geschieht, wenn ich mich in einem fast leeren U-Bahn-Wagen neben jemanden setze? Was verändert sich, wenn ich mich als Frau zu einer Frau setze, als Mann zu einer Frau, als Frau zu einem Mann, als Mann zu einem Mann, als wäre es völlig selbstverständlich?

Blickkontakt: Wie reagieren im U-Bahn-Wagen Frauen, wie Männer, wie Kinder unterschiedlichen Alters, wenn eine junge Frau oder eine ältere Frau, ein junger Mann oder ein älterer Mann Blickkontakt suchen? Halten sie dem Blick stand, weichen sie ihm aus? Was verändert sich, wenn derjenige, der Blickkontakt sucht, lächelt, böse oder traurig dreinblickt? Was geschieht, wenn ich jemandem über die Schulter schaue und in der fremden Zeitung mitlese, halblaut Kommentare zu einem Artikel abgebe, ohne mich an den Leser zu wenden? Wenn ich Hilfsangebote mache für Behinderte, für ältere Menschen und Touristen? Wie reagieren sie: dankbar, freundlich, abweisend? Wie reagieren die anderen Fahrgäste?

Bei diesen Übungen muß man kulturelle Unterschiede berücksichtigen und mit einplanen.

Zweiter Workshoptag

Jeder neue Workshop-Arbeitstag beginnt mit einem *Blitzlicht*, so auch an diesem Vormittag. Die Teilnehmerinnen und Teilnehmer erzählen kurz, wie sie geschlafen, was sie geträumt haben, wie es ihnen geht. ›Störungen‹ wie Frustgefühle, Wut, Trauer, die die gemeinsame Arbeit beeinflussen können, müssen geklärt werden, damit die Gruppe kreativ arbeiten kann.

Markus und Jan waren zwar bis vier Uhr morgens unterwegs, sind aber dennoch voller Energie, die anderen haben ausgeschlafen und sind hochmotiviert.

Dieser Arbeitstag, das Modul II, widmet sich den *Vignetten*, der Themensuche (Brainstorming, Diskussionsrunde), Festlegung eines Schauplatzes unserer Unsichtbaren Theateraktion, der Probe der *Kernszene*, schließlich der Auswahl und Erkundung eine Spielortes (Lokaltermin).

Doch zunächst berichten alle von den Hausaufgaben.

Hedwig: »Ich habe mich auf dem Weg zu meinem Auto,

das zwei Straßen weiter stand, dauernd umgedreht. Wie eine Verfolgte. Ich habe mich richtig in eine Paranoia reingesteigert. Ich habe mir gedacht, was sollen die Leute von mir denken, die spinnt wohl. Zum Glück war niemand auf der Straße. Ich bin bei jedem Geräusch zusammengezuckt, bei Geräuschen, auf die ich sonst nie achte. Ich bin gestolpert. Das erste, was ich im Auto gemacht habe: Ich habe die Türen verriegelt. Das mache ich sonst nie. Das gibt mir zu denken.«

Eva: »Mir ging das ganz anders. Ich dachte: Wie lange bist du eigentlich nicht mehr mit offenen Augen und Ohren unterwegs. Ich blieb stehen, schaute in die Bäume, habe ein Vogelnest entdeckt und habe den Vogelstimmen gelauscht. Das war schön!«

Olaf: »Naomi und ich haben gestern dieselbe U-Bahn genommen, Richtung Friedrichshain. Es waren viele junge Touristen unterwegs. Auf meine Suche nach Blickkontakt haben fast alle positiv reagiert. Niemand hat aggressiv zurückgeschaut oder mich angemacht. Männer haben den Blick länger ausgehalten. Einer hat sogar zurückgelächelt. Wobei ich nicht weiß, ob ich zuerst gelächelt habe oder er. Frauen haben meist sofort weggeschaut oder sich umgedreht.«

Naomi: »Ich war sehr froh, daß Olaf in meiner Nähe war. Allein hätte ich mich nicht getraut, Leute so genau anzuschauen oder zu taxieren. So konnte ich etwas mutiger sein. Es hat niemand gemerkt, daß wir zusammengehören. Ich habe mich neben eine Frau auf die Sitzbank gequetscht. Sie hat sogar ihre Tasche weggenommen und sich schmal gemacht. Bei Männern habe ich den üblichen Blick gemerkt. Ich hatte nicht den Mut zurückzuschauen. Ich habe befürchtet, die könnten das als Aufforderung mißverstehen.«

Markus und Jan berichten, daß sie gemeinsam aufgetreten sind, die Leute in der U-Bahn hätten sich von ihnen eingeschüchtert gefühlt. Jan: »Wir hätten uns alles rausnehmen können. Vor allem nachts, als wir leicht alkoholisiert waren. Uns sind alle Leute ausgewichen, haben sofort den Sitzplatz gewechselt. Ich kam mir unheimlich mächtig vor. Vor allem zu zweit.«

Agathe: »Also, Bodo und ich, wir sind ja zum Bahnhof Zoo gefahren. Wie ausgestorben. Es war so richtig trostlos. Dazu dieses kalte, nackte Licht, da wehte ein eisiger Wind. Dagegen war unser Gruppenspiel ein Kuschelzoo! So ein Reality-Input kann nicht schaden.«

Vignetten

Nach einer Lockerungsübung, vielleicht einer kurzen gegenseitigen Rückenmassage, beginnen wir mit den *Vignetten.*

Vorher wird ein Protokollant bestimmt, denn es ist hilfreich, wenn die Szenenarbeit bis einschließlich der Aktion im öffentlichen Raum in Stichworten schriftlich festgehalten wird. Im Wechsel führt jeweils ein Gruppenmitglied Protokoll, notiert Thema, Inhalt, Stichworte, Dialoge, körperliche Aktionen, führt sozusagen das »Regiebuch«, wie es im konventionellen Theater heißt.

Bodo erklärt sich bereit, das Protokollbuch anzulegen und als erster Protokoll zu führen.

Die *Vignetten* zeigen verdichtet Vorfälle im öffentlichen Raum, die die Teilnehmerinnen und Teilnehmer persönlich erlebt haben und die sie beschäftigen. Sie dienen dem thematischen ›Aufwärmen‹, sind szenische Einstimmung, szenisches *Brainstorming* für das Thema der Unsichtbaren Theaterszenen.

Ich erläutere: »Ihr zeigt etwas, wovon ihr als Opfer oder Zeuge betroffen wart, etwas, was euch persönlich betroffen, tief berührt, wütend oder traurig gemacht hat. Eine Situation, wo man sich im nachhinein sagt: Ich wünschte, es wäre anders gelaufen. Ich wünschte, ich hätte nicht weggeschaut, hätte ich doch den Mund aufgemacht, hätte ich doch etwas unternommen. Ich wünschte, ich hätte reagiert oder anders reagiert. Ein ›schlechtes‹ Beispiel also, wie Brecht sagen würde. Wichtig ist: Ihr erzählt den Vorfall szenisch, ihr stellt ihn nach, stellt ihn dar. Ganz nach Augusto Boals Motto: ›Nicht erzählen, sondern zeigen.‹«

Wir unterteilen das Zimmer in ›Bühne‹ und ›Zuschauerraum‹, definieren einen 20 Quadratmeter großen Bereich vor einer langen Wand als ›Bühne‹, einen etwa 15 Quadratmeter großen Bereich vor dem Fenster als ›Zuschauerraum‹. Die ›Bühnen-Rampe‹ wird durch einen langen Schal markiert, die Gruppe sitzt der ›leeren Bühne‹ gegenüber.

Ich frage: »Wer kommt als erster auf die ›Bühne‹ und zeigt uns einen Vorfall, den er im öffentlichen Raum erlebt hat, auf der Straße, in der U-Bahn, im Kaufhaus. Wer macht den Anfang?«

Vignette 1: Black in Berlin
Naomi geht auf die ›Bühne‹. »Es war ganz am Anfang meiner Zeit in Deutschland, vor zehn Jahren. Ich konnte noch nicht gut Deutsch, war auch noch sehr eingeschüchtert von den Deutschen. Man hat mir auch gesagt: Paß bloß auf, als Frau, noch dazu als Schwarze, das ist nicht einfach in Berlin. Ich kann heute sagen, die Freunde haben nicht übertrieben. Ich weiß nicht, ob ich noch einmal so naiv wäre, nach Deutschland zu kommen. Es vergeht kein Tag, wo ich nicht zu spüren bekomme, daß ich schwarz bin. Ich fahre nachts, wenn es geht, nicht U-Bahn, schon gar nicht S-Bahn, schon gar nicht im Ostteil der Stadt. Ja, das mag ein Vorurteil sein, ist aber so.«

Ich stehe neben Naomi: »Okay … Du zeigst uns jetzt deine Szene. Wir brauchen nur wenige Requisiten, stellen die Bühne nicht voll wie im Boulevardtheater. Wir deuten nur an, und zwar das, was für unsere Szene wesentlich ist oder werden kann. Wichtig ist die Konzentration auf das Notwendige und die genaue Situierung, wie bei einem Lokaltermin. Wo genau, wann genau? Jahreszeit, Uhrzeit. Jedes Detail kann wichtig sein.«

Naomi: »Okay. Meine Szene ist ganz klein. Ich brauche nur eine Telefonzelle.« Naomi stellt ein paar Stühle so zusammen, daß sie mit den Lehnen nach außen zeigend ein Quadrat bilden. Zwischen zwei Stühlen läßt sie eine Lücke. Über die Sitzfläche legt sie einen Regenschirm. »Das ist die Tür der Telefonzelle. Jetzt brauche ich noch das Telefon. Wir können auch ein Handy nehmen. Aber auch der Telefonkasten ist wichtig, wo man wählt, wo der Hörer hängt.« Olaf stellt seinen Rucksack auf einen der Stühle.

Ich: »Genügt das? Wo spielt die Szene?«

Naomi: »Am Savignyplatz. Altes Westberlin. Es gab damals noch Telefonzellen. Neben dem Taxistand. Das ist auch wichtig. Es war Abend. Elf Uhr vielleicht. Es waren noch Leute unterwegs. Es gibt dort viele Cafés, Restaurants, Kneipen und so.«

Naomi soll auch den Taxistand bauen. Sie sagt, ein Taxi genügt, stellt einen Sessel etwa einen Meter hinter die ›Telefonzelle‹. Sie markiert mit Schals und Kissen noch den Gehsteig und den Taxistand. Ob sie einen Taxifahrer benötige, frage ich. »Ja, aber ich erinnere mich nicht mehr, wie er ausgesehen hat.«

»Vielleicht hast du dir ja ein bestimmtes Merkmal eingeprägt, ein ›Charaktermerkmal‹?« Er sei sehr unfreundlich gewesen. Wer soll ihn spielen?

Naomi: »Karlheinz, kannst du ihn spielen?«

Karlheinz stopft sich ein Kissen unters Hemd, er lacht, er spiele gern fiese Typen mit Bierbauch. »Was muß ich machen?«

Naomi: »Du sitzt nur im Taxi und beobachtest alles ganz genau.«

Karlheinz setzt sich ins ›Taxi‹, legt den Arm auf die Sessellehne, um anzudeuten, daß das Seitenfenster heruntergekurbelt ist, und schaut hinüber zur Telefonzelle.

Naomi: »Perfekt! So, jetzt brauche ich eine deutsche Frau. Es war eine mächtige ältere Frau. Agathe, würdest du das machen?« Agathe zieht die Augenbrauen hoch, lächelt etwas säuerlich. Naomi erklärt ihr, was für sie eine mächtige Frau ist: »Sie steht mit beiden Beinen fest auf dem Boden. Berlin gehört dir! Weißt du, was ich meine? Du lebst hier viele Jahre, hast deine festen Ansichten und so.« Agathe möchte einen Namen haben und ausstaffiert werden mit Accessoires, die ihrem Wesen fremd sind.

Naomi: »Du bist Frau Schulz. Du hast einen Wettermantel an und hast einen großen Hund dabei, der mich anbellt und die Zähne fletscht.«

Olaf ist sofort bereit, den Hund zu spielen. Er verwuschelt sich die Haare, geht neben Agathe in die Hocke, bekommt einen Strick um den Hals gelegt.

Naomi wickelt sich einen Schal um den Hals, hängt sich eine Tasche über die Schulter.

Ich: »Bist du bereit?« Zu Agathe: »Mußt du als Frau Schulz noch etwas wissen zu deiner Rolle?« Agathe: »Ich habe meine Rolle verstanden. Ich spiele die Frau Schulz einfach mal so, wie ich sie mir vorstelle.«

Die anderen sitzen im ›Zuschauerraum‹ auf Stühlen, auf Kissen. Bodo schreibt mit, führt Protokoll.

Ich klatsche in die Hände: »Szene läuft!«

Naomi geht in die Telefonzelle, schließt die Tür hinter sich, nimmt den Hörer ab und wählt. Unterhält sich, lacht.

Frau Schulz führt ihren Hund aus. Sie bleibt immer wieder stehen. Zerrt an der Leine. Der Hund verrichtet sein Geschäft, ohne daß Frau Schulz es mit der Tüte aufnimmt und entsorgt. Sie steckt sich eine Zigarette an. Blickt um sich, winkt dem Taxifahrer wie einem alten Bekannten zu. Nähert sich der Telefonzelle. Bleibt vor der Zelle stehen, tritt nah heran und schaut durch die Seitenwand hinein.

Ich halte die Szene an: »Stimmt das so, Naomi?«

Naomi: »Ja, aber die Frau hat nicht geraucht. Es paßt aber sehr gut.«

Ich: »Dann tauscht ihr jetzt bitte die Rollen. Du spielst jetzt Frau Schulz und Agathe übernimmt deine Rolle. Ihr tauscht auch die Accessoires.«

Naomi zieht den Wettermantel von Frau Schulz an, steckt sich die Zigarette zwischen die Zähne, übernimmt den Hund, Agathe wickelt sich Naomis Schal um den Hals und hängt sich die Tasche über die Schulter: »Ich spreche aber deine Sprache nicht. Ich werde eine Phantasiesprache sprechen.«

Die Szene beginnt von vorn. Agathe als Naomi betritt die Telefonzelle, zieht die Tür hinter sich zu, wählt, telefoniert. Naomi, die jetzt Frau Schulz verkörpert, kommt langsam mit ihrem Hund näher, pafft ihre Zigarette, bleibt vor der Telefonzelle stehen, starrt hinein, dann klopft sie an die Tür. Naomi (Agathe) erschrickt, dreht sich kurz um, telefoniert weiter. Der Hund (Olaf) hebt das Bein und pinkelt an die Telefonzelle. Die ›Zuschauer‹ lachen. Naomi muß auch lachen, findet aber schnell zurück in ihre Rolle als Frau Schulz. Sie schüttelt den Kopf, klopft erneut und heftiger an die Tür. Naomi (Agathe) dreht Frau Schulz ostentativ den Rücken zu, hält die Hand vor die Sprechmuschel und telefoniert weiter. Frau Schulz schlägt mit der flachen Hand auf die Tür: »Das ist ja nicht zu fassen. Wie lange quatscht die denn noch?« Naomi (Agathe) reagiert nicht, telefoniert weiter. Ich frage dazwischen, ob das so stimmt. Naomi nickt, spielt weiter Frau Schulz. Sie reißt die Telefontür auf, brüllt: »Wie lange dauert das denn noch hier!? Ich will auch telefonieren.« Naomi (Agathe) dreht Frau Schulz weiter den Rücken zu, beugt sich über das Telefon, spricht ängstlich und hektisch in die Muschel. Frau Schulz reißt wieder die Tür auf: »Schluß jetzt!«

Rollentausch. Naomi spielt wieder sich selbst, Agathe Frau Schulz.

Frau Schulz (Agathe) reißt die Tür auf, brüllt: »Schluß jetzt!«

Naomi dreht sich um zu Frau Schulz, will die Tür zuziehen. Sie sagt freundlich-bestimmt: »Entschuldigen Sie, sehen Sie nicht, daß ich telefoniere? Ich bin gleich fertig.« Es beginnt ein Kampf um die Tür. Der Hund bellt und fletscht die Zähne. Frau Schulz brüllt: »Schluß jetzt, raus hier!« Naomi gelingt es, die Tür zu schließen. Rollentausch. Naomi als Frau Schulz reißt die Tür mit aller Gewalt erneut auf, entwindet Agathe den Hörer und knallt ihn auf die Gabel. »So, jetzt ist Schluß.« Naomi (Agathe) rafft ihre Sachen zusammen, läuft hinüber zum Taxistand. Der Hund bellt ihr hinterher, Frau Schulz (Naomi) ruft ihr nach: »Nicht mal telefonieren kann man mehr in seinem eignen Land. Was hast du hier überhaupt zu suchen?! Ab nach Afrika! Da kannst du mit deinen Buschtrommeln telefonieren!«

Ich frage, ob die Szene hier zu Ende sei. Naomi verneint. Aber Agathe hat sich als Naomi genau so verhalten wie sie selbst damals. Rollentausch. Naomi läuft hinüber zum Taxistand, Frau Schulz (Agathe) ruft ihr nach: »Ab nach Afrika! Da kannst du mit deinen Buschtrommeln telefonieren!«

Naomi beugt sich zum Taxifahrer hinunter, der die Szene genau beobachtet hat: »Würden Sie mich bitte in die Schloßstraße nach Steglitz fahren!«

Der Taxifahrer (Karlheinz): »Steigen Se ein, junge Frau!« Er läßt den Motor an. Naomi schüttelt den Kopf. »Das war anders.« Rollentausch. Karlheinz übernimmt die Rolle von Naomi und geht von der Telefonzelle zum Taxi, Frau Schulz brüllt wieder hinterher.

Naomi (Karlheinz): »Würden Sie mich bitte in die Schloßstraße nach Steglitz fahren!«

Naomi, die jetzt mit dem Kissen als Bierbauch den Taxifahrer spielt, hämisch: »Ein Taxi kannst du dir doch gar nicht leisten. Da vorn ist die S-Bahn. Da kannst du *schwarz*fahren.« Der Taxifahrer (Naomi) lacht ordinär. Naomi (Karlheinz) geht schnellen Schrittes weg in Richtung S-Bahn.

Naomi steigt aus dem ›Taxi‹, wirft das Bauchkissen von sich: »Das war meine Szene ...«

Ich frage Naomi: »Willst du dir die Szene noch einmal von außen anschauen, als Zuschauerin – jemand aus der Gruppe würde dann Naomi spielen – oder sollen wir die Szene so stehen lassen?«

Naomi: »Ich muß es nicht noch einmal sehen und erleben.«

Die Akteure verlassen die ›Bühne‹. Naomi ›entrollt‹ ihre Mitspieler, befreit sie von ihren Accessoires, spricht sie mit ihrem richtigen Namen an, umarmt jeden einzeln und bedankt sich für ihr Mitwirken. Dann bauen sie gemeinsam die Bühne ab.

Die Gruppe setzt sich in die Runde für *Sharing*, Rollenfeedback und persönliches Feedback. Im *Sharing* berichten viele von ähnlichen Erfahrungen, das anschließende *Feedback* gilt den Figuren wie auch ihren Darstellern.

Agathe: »Mich hat die Geschichte sehr bewegt. Es ist mir sehr schwergefallen, die olle Frau Schulz zu spielen. Ist eine absolute Anti-Rolle, obwohl ich vielleicht auch so massiv und patent wirke. Ich meckere auch rum, ich mache das Maul auf, mische mich ein. Und das Schlimme ist, ich werde wohl wie eine Frau Schulz gesehen. Obwohl ich von der anderen Seite bin. Ich bin alternativ, ich bin ›öko‹, ich war grün, früher war ich bunt. Ich muß jetzt etwas loswerden, mir ist nämlich Folgendes passiert: Ich stehe Sonntagmorgen bei meinem Bäcker um die Ecke in der Schlange. Auf dem Tresen, oben, nicht mit Plastikfolie abgedeckt, Plunderstücke, Streuselkuchen. Vor mir steht ein junger Mann, total erkältet, hustet die ganze Zeit, ohne sich die Hand vor den Mund zu halten. Ich spreche ihn an: ›Sagen Sie mal, junger Mann, können Sie nicht die Hand vorm Mund halten. Vor Ihnen, neben Ihnen stehen Leute, keiner will das abkriegen. Und Sie husten direkt auf den Kuchen‹. Nun war der junge Mann zufällig ein Schwarzer. Ich hatte mich kurz gefragt: Hältst du besser den Mund oder nicht. Aber ich kann mich nun mal nicht bremsen. Also spreche ich ihn an, mir ist das egal, ob das ein Schwarzer, ein Weißer, ein Inder, ein Professor oder ein behinderter Rentner ist. Es hat mich einfach geärgert. Und was passiert? Der Typ dreht sich um, hustet mir ins Gesicht und sagt: ›Halt dein Maul, du Nazi-Fotze!‹ Mir hat es wortwörtlich die Sprache verschlagen. Die Leute haben mich angestarrt in einer Mischung, ich weiß nicht aus was, Mitleid, Entsetzen. Keiner hat irgend etwas gesagt. Der Typ kauft seine Brötchen, zahlt und verläßt seelenruhig den Laden, als wäre nichts gewesen. Als ich an der Reihe bin, sagt die Verkäuferin: ›Ich bin Ihnen ja so dankbar. Das hätte ich mich nie getraut.‹«

Naomi ist sichtlich bewegt, kämpft mit den Tränen: »Entschuldige, das tut mir leid, Agathe.«

Agathe: »Du mußt dich nicht entschuldigen. Hier muß sich keiner entschuldigen. Deshalb habe ich das nicht erzählt. Es ist einfach so. Du, ich, wir, wir werden von allen Seiten permanent angeschissen.«

Naomi: »Das Schlimmste war, die Frau hat mich geduzt, der Taxifahrer hat mich geduzt, so als wäre ich eine Sklavin oder eine Nutte oder sonst was.«

Agathe: »Genau das sage ich, es geht um Grenzüberschreitungen, Grenzverletzungen, fehlenden Respekt dem anderen Menschen gegenüber. Das ist für mich das Thema, unabhängig von Sprache, Rasse und Geschlecht.«

Naomi: »Die war so stark, ich konnte nichts machen. Da helfen keine Worte. Aber ich bin nicht stark genug.«

Agathe: »Wenn es dich tröstet, ich auch nicht! Ich sehe nur so aus.«

Martha meldet sich zu Wort: »Ich muß auch etwas loswerden. Naomi, ich hätte deine Szene gerne noch einmal gespielt und dich ersetzt. Aber du wolltest es nicht, und das akzeptiere ich. Was ich sagen will, mir geht dieses passive Erdulden total gegen den Strich. Das regt mich wahnsinnig auf. Ich lasse mir doch so etwas nicht bieten. Die alte Frau mit dem Köter wußte genau, was sie sich bei dir herausnehmen kann: Du bist jung, schmächtig, du bist schwarz und du beherrschst die Sprache nicht. Für solche Leute bist du das gefundene Opfer. Ich hätte die so angebrüllt, daß der Hören und Sehen vergangen wäre und ihrem Köter auch! Ich habe damit Erfahrung, wenn ich mit meiner Freundin in der Öffentlichkeit angemacht werde. Agathe, auch dich hätte ich sofort ersetzt in deiner Rolle. Ich hätte nämlich dem Typen ganz cool Folgendes gesagt, aber so, daß alle es hören:

›Würden Sie das bitte noch einmal wiederholen, was Sie da gerade zu mir gesagt haben? Ich werde Sie anzeigen wegen Volksverhetzung!‹ Der wäre mir nicht so davongekommen!«

Ich: »Wären wir jetzt eine Psychodramagruppe oder würde dieser Workshop länger dauern, hätten wir mehr Zeit und könnten uns intensiver mit eurer persönlichen Geschichte befassen: Was diese Kränkungen ausgelöst hat, welche, vielleicht auch, persönliche Geschichte hinter dieser Verletzung steht und auch hinter der Aggression. Aber unser ›Vertrag‹ lautet, daß wir uns zu einem Theaterworkshop treffen.«

Naomi: »Ich möchte jetzt auch nicht zu viel Raum beanspruchen. Das ist nicht nötig. Ich habe schon an dem Thema gearbeitet. Aber es kommt halt doch immer wieder hoch. Es ist zehn Jahre her. Ich hätte nicht gedacht, daß es noch so aktuell ist.«

Agathe: »Ich werde mir auch weiterhin den Mund nicht verbieten lassen, von niemandem. Deswegen bin ich ja auch hier. Mir geht es gut.«

Ich: »Naomi, wünschst du dir etwas von der Gruppe?«

Naomi: »Ich möchte einfach in den Arm genommen werden, damit ich mich geschützt fühle, nicht allein.«

Ich frage Naomi: »Und wie sollen wir deine Szene nennen?«

Naomi: »Es hat mit Grenzverletzung, Grenzüberschreitung zu tun.«

Markus: *»Black in Berlin.«*

Nach einer zwanzigminütigen Kaffeepause (die Stimmung ist nicht so entspannt, wie die Gruppe es sich einreden möchte) geht es weiter. Eva übernimmt das Protokollieren.

Ich frage die Gruppe: »Wer möchte jetzt auf die Bühne?«

Vignette 2: Gay and proud!
Markus betritt die ›Bühne‹, stellt sich neben mich und legt los: »Also, ich war mit meinem Freund unterwegs, und da haben uns ein paar Typen angepißt, und ich war stinksauer.«

Ich bremse Markus: »Jetzt gehen wir, was du erlebt hast, mal Schritt für Schritt und ganz ruhig an. Du sollst uns die Szene *zeigen*, d. h. *szenisch* erzählen. Es ist wie bei einem Lokaltermin, den das Gericht ansetzt, um den Tathergang nachzustellen. Jetzt schauen wir uns zunächst den Ort an, an dem du und dein Freund ›angepißt‹ worden seid. Wir bauen ihn nach. Wieder mit ganz wenigen Requisiten. Konkret, Markus, wo genau und wann genau ist das, was du uns zeigen willst, geschehen?«

Markus: »Es war im Bus, im M19, zwischen KaDeWe und Nollendorfplatz.«

»Wo genau? Beim Einstieg, beim Ausstieg?«

Markus: »Im Oberdeck. Es war ein Doppeldecker.«

Ich bitte ihn, dieses Oberdeck zu bauen und zu beschreiben. Markus holt sich Stühle und kommentiert: »Es sind ganz enge Sitzreihen, jeweils zwei Plätze nebeneinander. Ich baue mal drei Sitzbänke hintereinander. Das reicht. Auf beiden Seiten. Der Gang ist auch sehr eng. Das ist wichtig.« Markus zeigt auf eine Stelle: »Und es gibt ganz hinten die enge Treppe, die hinunterführt zum Ausstieg.«

»Bau nur das, was für deine Szene wichtig ist. Ist die Treppe wichtig? Brauchst du sie?«

Markus: »Unbedingt.«

Er nimmt Kissen und Pullover und markiert damit die Treppe.

»War der Bus voll besetzt?«

Markus: »Rappelvoll. Nachtschwärmer. Viele Touristen.«

»Wie spät war es, war es schon dunkel?«

Markus: »Nach Mitternacht. Und es war Sommer, ziemlich heiß.«

»Wer spielt eine wichtige Rolle in deiner Szene?«

Markus: »Eigentlich alle im Bus.«

Um die Szene stringenter zu machen und weil wir nicht so viele Akteure haben, soll Markus versuchen, mehrere ähnliche Attribute und Verhaltensweisen einer Person zuzuschreiben. Er soll die Fahrgäste aussuchen, die das, was er zeigen möchte, repräsentieren können. Vielleicht drei oder vier exemplarisch.

Ich: »Du zeigst sie uns aus deiner Perspektive. Alles, was du uns zeigst, ist aus deiner Perspektive. Das kann ruhig klischeehaft, stereotyp sein, du kennst ihre persönliche Geschichte nicht. Du verletzt sie nicht, sie sind ja nicht dabei. Zeig uns, wo und vor allem *wie* sie im Bus sitzen.«

Markus zeigt auf Karlheinz: »Karlheinz, du müßtest einen dicken Alten spielen. Würdest du das machen?«

Karlheinz kommt auf die ›Bühne. Markus soll Karlheinz als »dicken Alten« kenntlich machen, ihm einen Namen geben und ihn im Bus plazieren. Markus stopft ihm das Kissen unter das Hemd und setzt ihn auf die vordere Sitzbank: »Du sitzt da fett und breitbeinig und drehst dich dauernd nach uns um.«

Ich: »Wer ist ›uns‹?«

Markus: »Mein Freund und ich.«

»Jetzt mach Karlheinz mal vor, wie er da als ›dicker alter Mann‹ sitzt.«

Markus ersetzt Karlheinz, stopft sich das Kissen unters T-Shirt und setzt sich breitbeinig in die vorderste Reihe, dreht sich dauernd um.

Karlheinz: »Sagt er etwas?«

Markus: »Nein, er starrt uns an und grinst fies.«

Ich frage Markus, ob noch jemand neben dem Mann sitzt,

seine Frau vielleicht?« Markus verneint. Der dicke Alte habe die ganze Sitzbank für sich beansprucht, obwohl der Bus voll war.

Ich frage Markus, wer noch wichtig ist für die Szene.

Markus: »Die schweigende Mehrheit!«

»Wer soll sie verkörpern?«

Markus will fast die ganze Gruppe auf die ›Bühne‹ holen, beschränkt sich dann aber exemplarisch auf drei Figuren, die Hedwig, Vanessa und Bodo spielen sollen. Sie vertreten zwar ›die schweigende Mehrheit‹, unterscheiden sich aber doch voneinander. Markus versucht, sich an Einzelheiten zu erinnern. Er stattet Hedwig mit Einkaufstüten aus, Bodo mit einer Zeitung. Auch Vanessa soll ein Accessoire erhalten, Markus drückt ihr einen MP3-Player in die Hand. Er plaziert die drei Mitspieler, zeigt ihnen aber nicht, wie sie sich verhalten sollen. Sie seien absolut austauschbar. Sie sollten sich etwas einfallen lassen. Ich frage die drei, ob das für sie in Ordnung sei und ausreiche. Sie bejahen und setzen sich auf ihre ›Busplätze‹.

»Was wir bis jetzt haben, ist ein Stimmungs- oder Genrebild mit Stimmengewirr, Hintergrundgeräuschen. Jetzt konzentrieren wir uns auf den Vorfall. Was ist passiert? Wer ist außer dir und deinem Freund wichtig?«

Markus: »Die beiden jungen Ausländer. Jan und Olaf, könnt ihr das machen?«

Bodo mischt sich ein: »Woher willst du wissen, daß es Ausländer waren?«

Markus: »Ich bin nicht blind und taub!«

Bodo: »Das ist ein pauschales Urteil. Das finde ich nicht gut.«

Markus: »Jedenfalls haben sie mit einem starken Akzent gesprochen. Aber ich muß die Szene nicht zeigen.«

Bodo: »Markus, ich bin sehr gespannt auf deine Szene, mir geht es aber darum, daß wir differenzieren.«

Jan: »Ich habe auch etwas gegen Vorurteile und Vorverurteilung.«

Ich versuche zu beschwichtigen: »Vorurteile und Vorverurteilung sind vielleicht genau das Thema dieser Szene, egal ob sie von Ausländern oder Deutschen ausgehen. Wenn ihr bereit seid, schauen wir uns die Szene an.«

Jan hat als Sozialarbeiter im offenen Vollzug auch mit jungen Männern mit Migrationshintergrund zu tun. Er glaubt, sich gut in eine Figur hineinversetzen zu können. Markus fordert Jan und Olaf auf, sich auf die Sitzplätze neben die Treppe zu setzen, die hinunter zum Ausstieg führt. Die beiden sollen auch ein Requisit oder Accessoire bekommen. Agathe betätigt sich als Kostümbildnerin. Sie knöpft Jan das Hemd bis zum Bauchnabel auf, hängt ihm ihre schwere Goldkette um den Hals. Olaf setzt sie ihre große Sonnenbrille auf.

Ich frage Markus, ob das so stimmt.

Markus: »Absolut!«

Dann soll Markus einzeln hinter die beiden Schauspieler treten, die Hände auf ihre Schultern legen und sie ›eindoppeln‹ (siehe Glossar).

Markus legt Jan die Hände auf die Schultern, schließt die Augen: »Ich bin der ›Goldjunge‹, um die 20 Jahre alt, ein aggressiver Machotyp. Spreche laut, lache die ganze Zeit. Ich verachte Schwule. Spucke vor ihnen aus.«

Ob ihm dieser Regiehinweis reiche, frage ich Jan. Und ich frage Markus, ob es richtig sei, daß der ›Goldjunge‹ am Gang sitzt. Markus bejaht.

Jan: »Wie sitze ich da?«

Markus weiter mit geschlossenen Augen, die Hände auf Jans Schultern: »Breitbeinig. Mir platzt vor Kraft die Hose.«

Anschließend soll Markus Olaf eindoppeln: »Er trägt ein T-Shirt. Ist das okay?«

Markus tritt hinter Olaf, legt ihm die Hände auf die Schultern, schließt wieder die Augen: »Marken-T-Shirt, okay. Ich bin der coole Sonnenbrillentyp, wortkarg. Ich bin älter als mein Kumpel. Ich schaue zum Fenster raus. Meine Arme hängen über dem Vordersitz. Da traut sich keiner hinzusetzen und mir die Sicht zu nehmen.«

»Das soll als Rolleneinweisung genügen. Markus, jetzt kommen wir zu dir und deinem Freund. Wer soll deinen Freund spielen?«

Markus: »Da bleiben ja nur noch Martin und Bodo übrig. Was mache ich? Mein Freund ist so alt wie ich. Bodo ist 43, viel zu alt. Ich nehme Martin. Der ist zwar auch schon 31, aber das geht gerade noch ...«

Martin steht auf, steigt in den ›Bus‹.

Markus zieht Martin seine Jeansjacke an, verwuschelt ihm die Haare. Er umarmt Martin von hinten, spricht ihm ins Ohr: »Du heißt eigentlich Frank, aber ich nenne dich Blacky, du bist fünfundzwanzig Jahre alt, du studierst auch Theaterwissenschaft und bist ein sportlicher, lustiger Typ. Und du nennst mich Blondy. Wir sind Blacky und Blondy. Wir kennen uns schon eine Ewigkeit. Vier Monate. Wir haben uns in der Uni kennengelernt. Blacky liebt mich abgöttisch. Und ich ihn auch. Wir knutschen die ganze Zeit rum.« Ich frage Martin, ob er die Rolle so spielen könne. Martin lacht: »Ich werde so tun, als ob.«

»Dann setzt ihr euch, Blondy-Markus und Blacky-Martin, auf eure Plätze im Bus.«

Markus: »Wir saßen schräg links vor den ausländischen Machos, Blacky auf dem Fensterplatz, halb rechts vor uns der dicke Alte.«

»Dann sehen wir uns das jetzt mal an. Aber zunächst: Waren die Beteiligten schon alle im Bus? Seid ihr zugestiegen?«

Markus: »Es kann an der Stelle beginnen, wo schon alle im Bus sind. Wir sind am Adenauerplatz eingestiegen. Aber Blacky und ich steigen dann aus.«

»Sind alle bereit? Braucht noch einer Hinweise zu seiner Figur? Wenn nicht, dann kann die Szene starten.«

Ich klatsche in die Hände, »Szene läuft«, mache Fahrgeräusche, improvisiere, als Joker, den Busfahrer: »Nächste Haltestelle Europacenter.«

Blondy legt seinem Freund den Arm um den Hals, zieht seinen Kopf zu sich heran, knabbert an seinem Ohr. Blacky legt seinen Arm um Blondys Hals, drückt ihn fest an sich. Der ›Goldjunge‹ stößt seinen Kumpel an, laut: »Hey, kuck mal Alter.«

Der coole Sonnenbrillentyp: »Du nervst.«

Goldjunge: »Ich krieg das Kotzen!«

Sonnenbrillentyp: »Was?«

Goldjunge: »Scheiß Schwuchteln.«

Der dicke Alte dreht sich um, sucht mit gierigem Blick die ›Schwuchteln‹, grunzt.

Ich halte die Szene an: »»Stimmt das so, Markus?«

Markus: »Ist okay so. Nur, Martin macht als mein Lover Blacky zu wenig, wir müssen richtig knutschen. So, daß alle es sehen.«

»Szene läuft. Go!«

Markus will Martin auf den Mund küssen, aber Martin entzieht sich.

Martin steigt aus der Szene aus: »Stopp! Ich glaube, ich kann das doch nicht. Ich mag dich, Markus, ich kann dich auch kurz auf den Mund küssen, aber mit dir rumknutschen, das kann ich nicht. Sorry.«

Die Szene ist unterbrochen. Jan erklärt sich spontan bereit, Martins Rolle als Blacky einzunehmen, und tauscht mit Martin die Rolle, d.h., Jan spielt jetzt Blacky, und Martin übernimmt die Rolle des ›Goldjungen‹.

»Okay. Szene läuft. Go!«

Blacky beugt sich zu Blondy hinüber, biegt seinen Kopf nach hinten, küßt sein Gesicht ab.

Der ›Goldjunge‹ (Martin) stößt seinen Kumpel an, laut: »Hey, kuck mal, Alter.«

Sonnenbrillentyp: »Du nervst.«

Goldjunge: »Ich krieg das Kotzen!«

Sonnenbrillentyp: »Was?«

Goldjunge: »Scheiß Schwuchteln.«

Der dicke Alte dreht sich um, sucht mit gierigem Blick die ›Schwuchteln‹, grinst ordinär.

Blacky und Blondy knutschen.

Der Goldjunge faßt sich in den Schritt: »Hey, Schwuchtel. Du Opfer, ich rede mit dir!«

Blacky und Blondy knutschen weiter. Schweigen. Keiner der Fahrgäste reagiert.

Der Goldjunge stößt seinen Kumpel an: »Scheiß Schwuchteln.«

Blacky dreht sich um und ruft: »Verpiß dich!«

Goldjunge: »Ich mach dich fertig, du Arschloch!«

Blacky: »Halt's Maul!«

Ich halte die Szene an: »Stopp! Stimmt das so, Markus?«

Markus: »Nein. Blacky hat nichts gesagt. Wir haben sie ignoriert und einfach weitergeknutscht.«

Dieses Pingpong-Spiel kann lange so weitergehen. Es kann dann versacken, oder die Situation kann eskalieren. Markus soll uns den Moment zeigen, wo es zu einer Änderung der Situation kam.

Markus: »Kurz vor dem Nollendorfplatz sind wir aufgestanden und runtergegangen. Und da wurde der eine Typ handgreiflich.«

Genau an dieser Stelle wollen wir wieder in die Szene einsteigen. Um sie nachvollziehen zu können, muß Markus den Goldjungen vorspielen. Martin steht auf, hängt Markus die Goldkette um, setzt sich neben Blacky. Ich frage Martin sicherheitshalber, ob er denn jetzt in der Lage sei, Blondy zu spielen. Martin: »Ich muß meinen Partner ja nicht unbedingt küssen, ich kann ja auch etwas anderes machen, was provoziert.«

Die Szene setzt kurz vor dem Augenblick ein, als Blacky und Blondy aufstehen, um vom Oberdeck die Treppe hinunter zum Ausgang zu gehen. Blondy, jetzt dargestellt von Martin, steht auf und zieht Blacky, dargestellt von Jan, an der Hand vom Sitz hoch, schiebt ihn an den beiden Typen vorbei zum Ausgang, wobei er ihn immer wieder auf den Nacken küßt.

Der Goldjunge, jetzt dargestellt von Markus, spitzt die Lippen, gibt laute Kußgeräusche von sich und faßt Blondy von hinten ziemlich brutal zwischen die Beine. Blondy versetzt ihm einen Schlag gegen die Schulter.

Der Goldjunge: »Faß mich nicht an, du Schwuchtel, ich mach dich fertig!« Er wischt sich den ›Schmutz‹ von der Schulter. Blondy und Blacky gehen die imaginäre Treppe hinunter, verlassen den Bus.

Ich frage Markus, ob das so stimmt.

Markus: »Nein, nicht ganz.«

Die Schauspieler sollen die Rollen zurücktauschen, so daß Markus wieder sich selbst alias Blondy spielt und Martin wieder den ›Goldjungen‹. Martin soll die Figur exakt so wiedergeben, wie Markus sie gespielt hat: Haltung, Blicke, Stimme, die Sätze, die Handgreiflichkeit. Auch die anderen Fährgäste sollen sich wieder so verhalten wie beim vorangegangenen Durchlauf. Die Szene wird wiederholt.

Blondy versetzt dem ›Goldjungen‹ diesmal aber keinen Schlag gegen die Schulter, sondern ignoriert ihn und geht mit Blacky die imaginäre Treppe hinunter. Beide verlassen den Bus.

Wie nach der ersten Vignette bitte ich alle Akteure, die ›Bühne‹ abzubauen, die Personen zu ›entrollen‹ und im ›Zuschauerraum‹ einen Sitzkreis zu bilden.

Ähnlich wie im Psychodrama sollen die anderen aus der Gruppe Markus, dem Hauptopfer, ein *Sharing* geben. Haben sie ähnliche Erfahrungen gemacht?

Olaf erzählt, daß er vor ein paar Jahren Zeuge eines Übergriffs auf Schwule in der Motzstraße gewesen ist, mitten in Berlins schwulem Szeneviertel: »Keiner hat reagiert. Alle haben weggeschaut. Ich bin mit dem Fahrrad vorbeigefahren. Ich habe angehalten, allerdings auch in einiger Entfernung, habe mir angeschaut, was passiert, und dann über Handy die Polizei gerufen. Aber die waren schon unterwegs. Ich bin dann weitergefahren, weil ich verabredet war. Jedenfalls fand ich das schrecklich: Da passiert etwas vor den Augen der Leute, und die lachen weiter, trinken weiter ihr Bier, tun so, als wäre nichts.«

Ich frage Markus: »Wie ging es dir in deiner eigenen Rolle und auch als ›Ausländer‹? Und mit der Tatsache, daß du das nachgestellt hast?«

Markus: »Das Nachstellen der Situation allein hat mir schon gutgetan. Das merke ich. Und daß wir darüber reden. Ich will offen schwul leben, und alle sollen es sehen, und ich lasse mir auch nicht vorschreiben, wie ich mich in der Öffentlichkeit zu verhalten habe. Ich werde auch nicht auf das Knutschen verzichten, nur weil ich damit womöglich Menschen aus anderen Kulturen mit anderen Moralvorstellungen ›verletze‹. Im Ausland respektiere ich die Regeln, ich betrete nicht in Badehose eine Moschee in Marrakesch, aber ich verlange auch, daß hier in Deutschland unsere Offenheit respektiert wird. Wir haben lange genug für unsere schwulen Rechte gekämpft. Worüber ich mich geärgert habe und warum ich die Szene nicht vergessen habe: Es gab keinerlei Solidarität, auch nicht verbal, von irgendeinem der Fahrgäste. Der dicke Alte wartete nur darauf, daß noch mehr passiert. Ich dachte immer, der holt jetzt gleich seine Digitalkamera raus. Und ich habe mich im nachhinein über mich und meinen Freund geärgert, daß wir uns das haben bieten lassen, daß auch wir nicht reagiert haben. Da faßt dir ein wildfremder Mann an den Hintern, es war Sommer, ich hatte kurze Jeans an, und ich schlage ihm nicht in die Fresse. Unser ganzer Abend war versaut. Wir haben uns gegenseitig Vorwürfe gemacht, daß wir nicht reagiert haben, daß wir nicht einmal etwas gesagt haben. Ich hätte sie wenigstens beschimpfen sollen.«

Ich frage Markus, ob er die Szene noch einmal spielen und ausprobieren möchte, anders zu reagieren, spüren, wie es sich anfühlt, wenn man sich anders verhält.

Markus: »Nein, ist gut so. Ich wüßte jetzt auch nicht, was ich anders machen sollte.«

Ich frage die Gruppe: »Möchte jemand aus der Gruppe, ihr wart ja Zuschauer, die Rolle von Markus spielen, zeigen, wie man sich so oder vielleicht ganz anders verhalten könnte?«

Niemand reagiert.

Martin: »Wenn ich mal was sagen darf aus meiner Erfahrung als Polizist. Ich finde, ihr habt euch genau richtig verhalten. Du kannst die Moralvorstellungen und das Weltbild eines Menschen nicht in fünf Minuten ändern. Die Situation wäre mit Sicherheit eskaliert. Die Typen haben es vermutlich darauf angelegt, Schwule anzumachen. Vielleicht wollten sie nur, daß was passiert zum Energieabbau. Egal, was. Hättet ihr reagiert, hättet ihr euch in Gefahr gebracht.«

Markus: »Wir sollen also den Schwanz einziehen. Das ärgert mich. So ändert sich doch nichts.«

Martin: »Wieso? Sieh es doch mal so: Ihr habt offen gezeigt, ihr habt demonstriert, daß ihr schwul seid. Akzeptiere, daß das möglich ist. Für mich war das so, als hättest du eine Szene *Unsichtbaren Theaters* gespielt, um zu testen, wie Leute darauf reagieren, oder um dazu beizutragen, daß sie offen zur Schau getragene Homosexualität immer mehr akzeptieren. Je mehr schwule Paare das machen, desto selbstverständlicher wird es. Dann wird es, da bin ich mir sicher, auch immer weniger Reaktionen geben.«

Ich stimme Martin zu und ergänze, daß auch das *Unsichtbare Theater* als Theater nicht den Unterhaltungswert und Spaßfaktor leugnen dürfe. Man kann auch humorvoll politische Aufklärungsarbeit leisten wie zum Beispiel mit *Flashmob*-Aktionen, die allerdings meist deutlich als Performance zu erkennen sind und nichts mit *Unsichtbarem Theater* zu tun haben.«

Markus: »Meinst du diese Kiss-in-Aktionen am Brandenburger Tor?«

»Zum Beispiel.«

Markus: »Noch läppischer ist, wenn zweihundert Leute in der Unterhose U-Bahn fahren.«

»Finde ich überhaupt nicht läppisch. Das kann Sehgewohnheiten, Rituale, normatives Verhalten hinterfragen helfen. Aber zurück zur Vignette. Wie soll sie heißen?«

Markus: *Gay and proud!*

Die Protokollantin Eva notiert den Titel.

Martin verweist noch auf Maneo, das schwule Überfalltelefon in Berlin. Darauf könnte man auch aufmerksam machen bei einer Szene, die das Thema Schwulenfeindlichkeit beinhaltet, die Berliner Polizei habe ein eigenes Referat: ›Prävention – gleichgeschlechtliche Lebensweisen‹.

Ich mache die Teilnehmer darauf aufmerksam: »Wenn ihr aber am Ende einer Szene *Unsichtbaren Theaters* Flyer von Maneo verteilt, kann die Szene auffliegen.«

Die Gruppe ist einverstanden, die Szene zunächst so stehenzulassen. Vielleicht entsteht aus dieser Vignette eine Unsichtbare Theateraktion.

Abschließend soll Jan noch berichten, wie es ihm in der Rolle als Blacky ergangen sei: »Immerhin hast du ja mit Markus herumgeknutscht.«

Jan: »Ich wollte das eigentlich nicht kommentieren. Ich bin zwar hetero, aber erstens mag ich Markus, zweitens habe ich selbst schon einmal mit einem Typen zusammengelebt. Den Blacky zu spielen, war kein Problem für mich.«

Ein wichtiges Fazit dieser Vignette für die Akteure war, unabhängig vom Thema, daß realistisch nicht real heißt. »Theater lebt von ›Als ob‹-Situationen.«

Vignette 3: Tequila Sunrise for two

Auch Eva hat ähnliche Erfahrungen mit sexuellen Übergriffen gemacht. Aber nicht in der Paarkombination, auch nicht als vermeintliche Lesbe, sondern wenn sie spätabends nach der Theatervorstellung allein im Bus nach Hause fährt. Da ist sie schon mehrmals dumm angemacht worden. Sie hat inzwischen Angst, nimmt nachts immer ein Taxi.

Auch Hedwig hat schon ähnliches erlebt: »Ich habe immer gedacht, mir in meinem ›hohen‹ Alter von 43 Jahren kann so etwas nicht mehr passieren. Als die Polizei wieder einmal einen Vergewaltiger suchte, scherzte eine gleichaltrige Freundin von mir ziemlich makaber: ›Der könnte doch mal in mein Schlafzimmer einsteigen! Ich schlafe immer bei offenem Fenster!‹ Deshalb war ich bei dem Thema auch immer ganz unbefangen, weil ich gar nicht mehr mit so etwas wie sexueller Belästigung gerechnet habe. Dann ist es eben doch passiert.«

Hedwig stockt.

Ich frage sie: »Willst du uns das zeigen?«

Hedwig steht auf, geht auf die ›Bühne‹: »Ich war mit der gerade erwähnten Freundin, sie heißt Karla, zu einem Drink in einer Bar am Potsdamer Platz verabredet. Um 22 Uhr.« Sie baut das Szenario auf: »Ich brauche einen langen Bartresen.« Agathe verschwindet und kommt mit einem Bügelbrett zurück. Sie baut es vor der Bücherwand auf.

Hedwig: »Das ist der Tresen. Dahinter an der Wand müßt ihr euch große Flaschenregale vorstellen. Stellt euch einfach vor, die Bücher sind Whisky- und Wodkaflaschen.« Agathe und Martin holen vier Küchenhocker, die sie vor den ›Tresen‹ stellen.

Hedwig: »Genau. Das reicht schon als Bühnenbild.«

Ich frage Hedwig, wer Karla spielen soll.

Hedwig: »Die brauche ich nicht. Sie hat mich versetzt, und so hänge ich frustriert am Tresen vor meinem leeren Cocktailglas.«

»War viel Betrieb in der Bar? Wen willst du besetzen?«

Hedwig: »Das ist ja das Problem. Ich saß allein am Tresen. Dachte ich zumindest. Hinter dem Tresen wuselte der Kellner herum.«

»Wer soll ihn spielen?«

Hedwig: »Der war so Mitte Dreißig, weißes Hemd, Fliege, schwarze Weste. Martin, könntest du das machen?«

Agathe staffiert Martin entsprechend aus. Martin stellt sich hinter den Tresen.

Hedwig läßt den Blick über die Gruppe schweifen: »Ich brauche noch so einen jungen Typen. Der saß dann plötzlich neben mir. Olaf, könntest du den spielen? Ende Zwanzig, man stelle sich das vor!«

»Wie war der Typ angezogen, was hattest du an?«

Hedwig: »Der Typ sah eigentlich recht schick aus, Manschettenknöpfe, Rolex, Bundfaltenhose, elegante Schuhe.«

Olaf kostümiert sich als »gestylter Bar-Typ«.

Hedwig: »Er nannte sich Mike. Ich trug ein rotes Seidentop mit einem schwarzen Seidenschal, so lässig um den Hals geschlungen. Und: Ich hatte einen kurzen schwarzen Rock an, der natürlich etwas hochrutschte, als ich auf dem Barhocker saß.« Hedwig zieht sich um.

»Wie lief diese Begegnung der unerfreulichen Art genau ab?«

Hedwig: »Ich saß da vor meinem leeren Glas. Plötzlich steht ein neuer Tequila Sunrise vor mir.«

»Das schauen wir uns jetzt mal an.«

Hedwig setzt sich auf den Hocker. »Ich sitze da ganz allein und schaue in mein Glas.«

Ich frage sie: »Was geht dir in dem Augenblick durch den Kopf? Sprich es halblaut aus.«

Hedwig schaut auf die Uhr. »Es ist doch schon halb elf. Das ist gar nicht ihre Art. Mal sehen, ob sie mir eine SMS geschrieben hat.« Hedwig schaut auf, erläutert: »Ich hatte meine große Umhängetasche dabei.« Agathe reicht ihr ihre Tasche. Hedwig kramt das Handy aus der Tasche. Spricht wieder halblaut vor sich hin: »Keine Nachricht. Merkwürdig.«

»Ist Mike schon da, sitzt der irgendwo?«

Hedwig: »Den habe ich zunächst gar nicht wahrgenommen. Aber der saß schon da, am anderen Ende vom Tresen, ziemlich breitbeinig, die Ellenbogen auf dem Tresen, auch mit irgendeinem Drink vor sich.«

Mike (Olaf) setzt sich an den Tresen.

Hedwig: »So, und jetzt stellt der Kellner den neuen Tequila Sunrise vor mich hin.«

Der Kellner (Martin) stellt einen Drink vor Hedwig: »Bitte sehr.«

Hedwig blickt auf: »Ich habe das nicht bestellt.« Der Kellner geht.

Ich frage nach: »War das so?«

Hedwig: »Genau. Ich rufe ihm halblaut nach: ›Herr Ober, entschuldigen Sie. Ich habe das nicht bestellt. Das muß ein Irrtum sein.‹«

Der Kellner tut so, als würde er Hedwig nicht hören, macht sich hinter dem Tresen zu schaffen.

Ich frage wieder nach: »Stimmt das so?«

Hedwig: »Stimmt haargenau.« Sie ruft: »Herr Ober!« Halblaut zu sich: »Wieso reagiert der denn nicht?« Hedwig schiebt das Glas von sich weg: »Und plötzlich saß der Typ neben mir und quatschte mich an.«

Hedwig soll mit Olaf die Rolle tauschen, d. h., Olaf spielt jetzt Hedwig und Hedwig Mike.«

Mike (Hedwig): »Sie haben doch nichts dagegen, daß ich Sie zu einem Drink einlade. Ich heiße Mike.« Reicht Olaf die Hand.

Hedwig (Olaf) ergreift spontan die ausgestreckte Hand, stottert irgend etwas, weiß keine Antwort.

Mike (Hedwig): »Das ist sonst nicht meine Art. Aber bevor jeder allein vor seinem Glas sitzt, dachte ich mir …«

Sie tauschen wieder die Rollen.

Mike (Olaf) wiederholt den letzten Satz.

Hedwig kontert: »Hören Sie mal, junger Mann. Ich bin keine einsame Witwe.«

Mike: »Das hätte ich auch nie angenommen. Ich habe mich einfach gefragt, was macht so eine interessante Frau allein in einer Bar?«

Hedwig: »Das gleiche könnte ich Sie fragen!« Hedwig beiseite halblaut: »Das ist genau der Satz, den ich mir übelgenommen habe. Und daß ich ihm die Hand gegeben habe. Wohl auch, weil ich frustriert war.«

Mike weiter: »Ich bin in auf Geschäftsreise hier. Und Sie?«

Hedwig: »Ich warte auf eine Freundin.«

Mike: »Auf eine Freundin!«

Hedwig: »So ist es.«

Mike: »Dann warten wir gemeinsam. Vertreiben wir uns gemeinsam die Zeit.« Er reicht Hedwig das Glas, das sie weggeschoben hat.

Hedwig nimmt es verdutzt.

Mike: »Lassen Sie uns anstoßen.«

Ich frage dazwischen, ob das so stimmt.

Hedwig beiseite: »Ja, so in etwa. Der hat mich total überrumpelt. Es hat eine ganze Zeit gedauert, bis ich aus meiner Lethargie aufgewacht bin und überhaupt reagieren konnte.«

Mike (Olaf) hebt das Glas und wiederholt: »Lassen Sie uns anstoßen.«

Hedwig gefaßter: »Entschuldigen Sie, bitte, aber ich glaube, ich möchte das nicht.«

Mike: »Und ich glaube, du willst genau das. Du traust dich nur nicht!«

Hedwig stellt das Glas auf den Tresen zurück: »Hören Sie mal, junger Mann, das geht ja wohl zu weit. Was fällt Ihnen eigentlich ein! Sie setzen sich einfach neben mich, Sie sprechen mich an, jetzt duzen Sie mich auch noch.«

Hedwig beiseite: »Es ist wichtig, zu erwähnen, daß inzwischen mehrere Tische in der Bar besetzt sind und auch am Tresen noch andere Leute Platz genommen haben.«

Ich frage Hedwig: »Sind die wichtig? Sollen wir sie besetzen?«

Hedwig: »Nein, aber jetzt passiert etwas. Ich bin jetzt wieder der Mann.« Sie tauscht erneut mit Olaf die Rolle. Hedwig als Mike rückt näher heran an Olaf, der jetzt Hedwig spielt. Flüstert ihm ins Ohr: »Was ist denn dabei? Laß uns anstoßen!« Dabei preßt sie ihr Knie an das seine und legt ihm die Hand auf den Schenkel.

»Wie hast du reagiert?« Rollentausch zurück.

Mike (Olaf) wiederholt die Aktion. Hedwig: »Verdammt, laß mich in Ruhe! Nimm die Hand da weg!« Sie stößt ihn zurück.

Der Kellner ist sofort zur Stelle, nimmt Hedwigs Glas weg und sagt: »Wenn ihr Streit habt, klärt das bitte draußen.«

Mike lächelt cool und nippt an seinem Glas.

Ich frage: »Stimmt das so?"

Hedwig: »Nein, der Kellner hat etwas anderes gesagt, und zwar zu mir: ›Ich möchte Sie bitten, etwas leiser zu sein und unsere Gäste nicht zu belästigen.‹ Das war für mich der Gipfel! Eine genaue Umkehrung der Situation. So, als müßte ich mich entschuldigen.«

»Und wie endete die Situation?«

Hedwig: »Der Kellner hat mir die Rechnung für zwei Tequila Sunrise hingelegt. Und ich habe sie gezahlt und bin gegangen. Ich wollte einfach nur weg. Nichts wie weg. Das war die Szene.«

Hedwig ›entrollt‹ ihre Mitspieler, umarmt Martin und Olaf, gemeinsam baut die Gruppe die Bühne ab und setzt sich in den Kreis, um die Szene zu besprechen.

Hedwig: »Ein Fazit war auch: Wer den Schaden hat, braucht für den Spott nicht zu sorgen. Die Situation war glimpflich ausgegangen. Meine größte Angst aber war: Was mache ich, wenn der Typ mir folgt? Ich komme ja normalerweise aus Situationen raus, vor allem auch, wenn ich weiß, da sind andere Menschen um mich herum. Aber hier war es so, daß ich ein ziemliches Stück laufen mußte, da gab es auch nicht so gut beleuchtete Stellen. Da war mir sehr mulmig, und ich habe mich dauernd umgedreht. Ich habe dauernd falsch reagiert, und das nehme ich mir übel. Und was mich erschreckt: Ich weiß wohl, wie man reagieren sollte, war aber in dem Moment dazu nicht in der Lage.«

Ich frage sie: »Wie, meinst du, hättest du dich verhalten sollen?«

Hedwig: »Ich hätte den Drink auf der Stelle deutlich ablehnen müssen. Ich hätte ihm nicht die Hand geben dürfen. Ich hätte ihm nicht auf seine Frage antworten sollen, ich hätte ihm keine Gegenfrage stellen sollen, ich hätte nicht zulassen dürfen, daß er sich neben mich setzt usw. Leichter gesagt, als getan! Ich war so perplex, weil das so unerwartet kam. Und weil es die Umkehrung der Szenen ist, die wir sonst spielen. Plötzlich war es ein junger Mann, der eine reife Frau anmacht. Damit hatte ich nicht gerechnet.«

Wir suchen einen Titel für die Vignette.

Olaf schlägt vor: *Tequila Sunrise for two.*

Martin: »Du hast ein paar wesentliche Fehler aufgezählt. Einer war, daß du ihn zurückgeduzt hast.« Martin ergreift die Gelegenheit, von seinen Erfahrungen als Kommissar aus der Praxis zu berichten und der Gruppe einen Crashkurs in Sachen Gewaltvermeidung zu erteilen.

Naomi: »Aber wie soll eine Frau sich verhalten, wie soll

sie reagieren? Mich hat man schon mehrmals grob belästigt, sogar bedrängt, nicht nur beschimpft!«

Martin: »Da können ein paar Grundregeln helfen. Es gibt ein ABC für das Basisverhalten: Du darfst keine Angst zeigen, denn Angstverhalten bestärkt den Aggressor, Stichwort ›Viktimologie‹. Du mußt deinen Weg selbstbewußt fortsetzen, so als seist nicht du gemeint, du solltest das Schrittempo nicht ändern, denn Täter haben einen Jagdinstinkt, du solltest also nicht schneller und auch nicht langsamer gehen. Am besten, du wechselst die Straßenseite oder gehst sogar auf der Fahrbahn. Wenn dein Verfolger das auch tut, weißt du, daß Gefahr droht. Du darfst aber nicht in Panik geraten, nicht hysterisch schreien wie in einem Hitchcock-Film. Wenn er dich anspricht, antwortest du mit kurzen klaren Sätzen: ›Gehen Sie mir aus dem Weg! Lassen Sie mich in Ruhe! Was soll denn das! Was bilden Sie sich ein! Dort vorn an der Ecke wartet mein Mann!‹ Du kannst auch dein Handy aus der Tasche nehmen und so tun, als würdest du angerufen werden und laut ins Telefon sprechen: ›Ich bin schon da. Kommst du bitte runter. Mir läuft hier einer nach!‹ Wichtig ist, den Täter aus dem Konzept zu bringen. Täter haben meist ein Konzept. Wenn sich das ›Opfer‹ anders verhält als erwartet, brechen Täter oft ihr Vorhaben ab. Viele der Verhaltensregeln könnt ihr in den einschlägigen Broschüren der Polizei nachlesen.

Wir sagen immer, Frauen sollten einen ›persönlichen Notfallplan‹ entwickeln und einstudieren. Das kann man alles üben, wie bei der Feuerwehr, wie in einem Selbstverteidigungskurs.«

Hedwig: »Für mich heißt es, möglichst rasch weg! Ich werde mich nicht mit so einem Typen auf Diskussionen einlassen.«

Martin: »Völlig richtig. Keine Diskussionen. Da ziehst du den kürzeren.«

Eva: »Ich spüre immer im voraus, wenn etwas in der Luft liegt. Da kann ich mich zu hundert Prozent auf meine innere Stimme verlassen. Ich steige zum Beispiel nicht in einen U-Bahn-Wagen, in dem Typen mit Bierflaschen in der Hand herumgrölen. Nachts steige ich immer in den ersten Wagen, wo auch der Fahrer sitzt. Aber meist nehme ich ohnehin ein Taxi.«

Markus: »Und was mache ich, wenn ich eins auf die Fresse kriege? Da schlage ich zurück. Oder soll ich etwa als guter Christ auch noch die andere Wange hinhalten?«

Martin: »Kein falsches Heldentum! Geh auf Distanz, baue einen Abstand auf. Das ist wie im Tierreich. Hunde haben eine Zone, die man nicht überschreiten darf, Täter auch. Du mußt aus der Beiß- und Schlagzone heraustreten.«

Markus: »Wie soll denn das in einer vollen U-Bahn gehen?«

Martin: »Da kannst du zunächst schon mal sprachliche Distanz wahren. Täter duzen Opfer gerne. Wenn Täter und Opfer sich duzen, meinen Zeugen, die beiden kennen sich. Wenn du beim ›Sie‹ bleibst, merken die Leute sofort, daß da was nicht stimmt.«

Markus: »Und schauen weg.«

Agathe: »Ich schaue nicht weg. Ich will aber auch nichts verkehrt machen. Ich finde ja die Videoüberwachung in den U-Bahnen eine großartige Errungenschaft. Ich mache jetzt meine eigene Videoüberwachung. Wenn mir etwas merkwürdig vorkommt, mache ich heimlich Handyfotos. Man kann ja nie wissen.«

Markus: »O Gott! Es lebe der Überwachungsstaat!«

Agathe: »In lateinamerikanischen Großstädten sind an jedem Wohnhaus Überwachungskameras angebracht. Das finde ich völlig richtig.«

Markus: »Filmen, aber nicht helfen. Die typische kleinbürgerliche Verhaltensweise.«

Hedwig: »Dann rufen wir eben Martin, er soll uns helfen.«

Martin: »Die Polizei rufen, das ist auch richtig. Das solltet ihr dann auch laut verkünden: ›Wir haben die Polizei gerufen. Die Polizei ist sofort da!‹ Das schreckt Täter oft ab. Wenn der Täter flieht, ihm nicht hinterherlaufen, das soll man besser der Polizei überlassen.«

Ich stimme zu: »Martins Ausführungen entsprechen haargenau den Grundregeln des *Unsichtbaren Theaters*: Öffentlichkeit herstellen, Passanten einbeziehen, Gewalt vermeiden, darauf achten, daß niemand zu Schaden kommt. Kein Heldentum am falschen Ort und zur falschen Zeit! Und sich rechtzeitig aus einer brenzligen Situation entfernen!«

Unsichtbare Theateraktionen

Bei der Themenwahl zeigt sich immer wieder, daß Gruppen gesellschaftliche Probleme ansprechen, die auf den ersten Blick wie ›Modethemen‹ wirken. Hier sollte kein Workshopleiter intervenieren, denn die Themen werden von der Gruppe eingebracht, und die Gruppe entscheidet, was gespielt wird.

Themen, die im deutschsprachigen Raum und auch von meiner Berliner Gruppe immer wieder gestaltet werden, sind die Belästigung von Frauen, die Diskriminierung von Menschen anderer Hautfarbe und von Lesben und Schwulen. Dies sind die Themen, die den TeilnehmerInnen oft unter den Nägeln brennen, immer noch aktuell sind und sie zur Stellungnahme auffordern. Andere Gruppen thematisieren möglicherweise andere Themen. In diesen Workshopaufzeichnungen geht es neben der Fokussierung auf bestimmte inhaltliche Schwerpunkte auch darum, zu zeigen, wie Unsichtbare Theaterszenen entwickelt werden.

Dies wird exemplarisch nachgezeichnet an der Unsichtbaren Aktion *Rassisten wie wir*, die auf der Vignette *Black in Berlin* (Naomi

in der Telefonzelle) aufbaut und in der Mensa der Freien Universität Berlin gespielt wurde, sowie der Unsichtbaren Aktion *Der Heiratsantrag*, die folgerichtig aus der Vignette *Gay and proud!* hervorgegangen war und die meine Berliner Gruppe ein paar Wochen später in einem Café in Berlin-Mitte spielte.
Die folgenden Protokollaufzeichnungen begleiten den Verlauf dieser Unsichtbaren Theateraktionen, um die Symmetrie zu veranschaulichen, von der Themenfindung über erste improvisierte *Kernszenen* und *Satellitenszenen*, der Aufführung im öffentlichen Raum bis hin zur Nachbesprechung und Auswertung.
Um Wiederholungen und Dopplungen zu vermeiden, werden jeweils unterschiedliche Abschnitte der einzelnen Proben-, Aufführungs- und Nachbereitungsphasen in den Vordergrund gestellt.
Bei *Rassisten wie wir* sind es die Gruppendiskussion zur Ausdifferenzierung des Themas, die Aufführung im öffentlichen Raum sowie die Nachbesprechung unmittelbar danach. Allerdings kam es hier gerade zu keiner abschließenden Theorie- und Methodendiskussion, weil die Szene alle sehr aufgewühlt hatte.
Der Heiratsantrag fokussiert die Vorbesprechung zur Themenfindung und schildert die inszenierte Aktion und die Reaktionen im öffentlichen Raum, ergänzt um ein kurzes Feedback. Welch unterschiedliche Wirkungen erzielt werden können, wenn eine Unsichtbare Theateraktion in unterschiedlicher Besetzung an unterschiedlichen Spielorten, also in unterschiedlichen Varianten gespielt wird, läßt sich schließlich an der Unsichtbaren Theateraktion *Mit 66 Jahren, da fängt das Leben an!*, ihren Nachbesprechungen und der abschließenden Auswertung zeigen.

Von den Vignetten zur Unsichtbaren Theateraktion

Zurück zum Workshop. Nach den Vignetten widmen wir uns der Erarbeitung einer Unsichtbaren Theateraktion. Vignetten sind »szenisches Brainstorming«, sie führen zum Thema, helfen bei der Themenfindung. Nicht aus jeder Vignette entsteht eine Inszenierung für den öffentlichen Raum. Oft kristallisiert sich aus mehreren Vignetten eine Inszenierung heraus, in der sich, so wie in der Wirklichkeit, mehrere Themen überlagern. Wir wollen nur solche Probleme aufgreifen und zur szenischen Diskussion stellen, die uns betreffen und die gesellschaftlich relevant sind – Paulo Freire und Augusto Boal würden sie vielleicht ›generative Themen‹ nennen. Im Hintergrund steht immer die Frage: Was und wen genau wollen wir mit dieser Szene ansprechen? Was ist unser Ziel? Worauf wollen wir hinaus? Genügt es uns, ein Thema nur anzureißen, ins öffentliche Bewußtsein zu heben? Oder verbinden wir damit eine Botschaft, wollen wir den Menschen eine *Message* mitgeben? Wenn ja, welche?

Die Berliner Gruppe sitzt locker im Kreis und läßt die Vignetten noch einmal Revue passieren, achtet darauf, ob es bei einem bestimmten Thema ›klickt‹.

Naomi: »Für mich heißt das Thema, das alle unsere Vignetten verbindet: ›Grenzüberschreitung‹, ›Grenzverletzung‹.«

Die Gruppe kommt noch einmal auf Naomis Erlebnis in der Telefonzelle am Savignyplatz zurück, als die ältere Frau Naomi den Hörer aus der Hand gerissen hat. Das Thema der Vignette sei Ausländerfeindlichkeit gewesen.

Naomi: »Nein, es war mehr als das, es war eine *Grenzverletzung*. Es assoziiert Verletzung, physische und vor allem psychische. Das ist für mich das Thema.«

Agathe: »*Grenzverletzung*, das klingt wieder so nach Politikerdeutsch und Schengener Abkommen. Sprechen wir es doch offen aus: Es geht um Rassismus in diesem unserem Lande!«

Martin schlägt vor, Naomis Vignette noch einmal zu spielen und auszubauen. Naomi möchte die Szene in der Telefonzelle allerdings nicht noch einmal spielen, zumindest nicht als Protagonistin, und auch nicht ausbauen zu *Unsichtbarem Theater*.

Naomi: »Erstens ist mir die Szene zu heftig. Ich möchte das nicht noch einmal erleben, auch nicht im Spiel. Diese Form von Rassismus ist offensichtlich und brutal. Zweitens finde ich es viel wichtiger, eine Szene über den versteckten, alltäglichen Rassismus zu entwickeln, die ganz normale Verachtung von Frauen und Farbigen. Das geht oft zusammen. Und es geht den Leuten, nicht nur Männern, so leicht über die Lippen, als wäre es das Selbstverständlichste von der Welt, als wäre da gar nichts gewesen. Es muß sich was im Kopf der Leute ändern.«

Die Gruppe stimmt ihr zu.

Naomi: »Bei Neonazis und Reaktionären ist die Sache klar. Als ich an der Freien Universität Psychologie studiert habe, war ich entsetzt. Meine Kommilitonen waren nicht anders. Das waren zwei Diskurse. In den Seminaren und Projekten waren sie progressiv, haben sich engagiert für AIDS-Kampagnen in Afrika, in der Mensa haben sie mich angemacht als Schwarze und als Frau. Ich bin schwarz auf die Welt gekommen und als Frau. Ich kann nichts dafür. Und wenn man sich darüber lustig macht, ist das für mich eine Diskriminierung.«

Ich schlage vor, die Diskussion szenisch weiterzuführen.

Markus meldet sich zu Wort: »Beim Stichwort Mensa hat es bei mir ›Klick‹ gemacht. Das habe ich selbst erlebt. Als Zeuge. Eine reale Geschichte, die sich ausbauen und zuspitzen ließe, die, wie ich glaube, genau das zeigt, was Naomi meint.«

Markus richtet die Bühne ein: Schauplatz ist die Mensa der Freien Universität in Berlin-Dahlem. Markus reiht alle vorhandenen Tische in kleinem Abstand auf, gruppiert um alle Tische Stühle.

Markus: »Diese irgendwie geometrisch aufgestellten Tische und Stühle repräsentieren die FU-Mensa in Dahlem. Es sind meist lange Tische mit zwölf Stühlen, sechs auf jeder Seite. Es kann aber jede x-beliebige Mensa sein, denn sie sehen alle gleich aus. Die Ausstattung müßt ihr euch vorstellen: bunte Farben, die Optimismus und Wohlgefühl suggerieren, Kugellampen. Hier ist der Weg von der Essensausgabe zu den Tischen.« Er markiert ihn mit zusammengerollten Wolldecken. »Dort hinten werden die leeren Teller aufs Fließband gestellt. Es ist Mittag, Hochbetrieb. Da, an dem zentralen Tisch, findet die *Kernszene* statt. Die Protagonistin sitzt schon da und ißt. Es ist 13 Uhr. Stoßzeit. Sie sitzt an einem langen Zwölfer-Tisch. Die Plätze links und rechts sind frei, die anderen alle besetzt. Meine Protagonistin ist eine farbige Kommilitonin. Naomi, willst du das machen?«

Naomi winkt ab. Eva will die Rolle spielen. Karlheinz löst Vanessa beim Protokollieren ab.

Eva wickelt sich einen bunten Schal um den Hals, packt sich einen Stapel Bücher unter den Arm, balanciert ein Tablett zum Tisch, setzt sich und beginnt zu essen. Sie schlägt ein Buch auf, liest und ißt gleichzeitig.

Markus tritt hinter sie, legt ihr die Hände auf die Schulter und doppelt sie ein: »Ich heiße Florence und komme aus Benin. Ich studiere Internationales Recht. Ich lebe seit drei Jahren in Berlin und spreche fast perfekt Deutsch.«

Eva: »Bin ich Single, habe ich einen Freund?«

Markus: »Das weiß ich nicht. Ihr Kommilitone, den ich jetzt spielen werde, so ein ›Surfer-Typ‹, hat sie als ›Freiwild‹ gesehen. Sonst wäre er vielleicht nicht so frech geworden. Ich heiße übrigens Stephan.« Die Gruppe soll sich vorstellen, daß die anderen Plätze besetzt sind.

Markus: »Bleibt zunächst im ›Zuschauerraum‹, damit ihr

die Szene von außen seht. Und außerdem muß ich noch die Hauptfiguren besetzen, ihr müßt mir vielleicht als Figuren, als weitere Aggressoren A2 oder A3 oder als Helferin oder Helfer, als Hilfs-Ich P1, P2 oder P3 für das Opfer zur Verfügung stehen.« Er fragt Jan, ob er seinen Kumpel spielen will.

Markus: »Du kommst dann später dazu. Du bist ein ähnlicher Typ wie ich, nur noch arroganter und eitler. Mit gegelten Haaren. Du heißt ›Rüdiger‹. Wir verkörpern das Klischee des Jurastudenten.«

Jan stylt sich die Haare und postiert sich einsatzbereit am Spielfeldrand.

Markus: »Wie gesagt: Ich war Zeuge der Szene, aber da ich sie so genau in Erinnerung habe, spiele ich selbst den Aggressor. Ich bin, wie gesagt, ein sportlicher Surfer und kenne Florence vom Studium.«

Ich frage Markus: »Kennst du, Markus, Florence persönlich?«

Markus: »Nein, ich habe sie bei diesem Vorfall kennengelernt.«

Markus zieht sich einen Scheitel, schlüpft in einen Blazer und tritt an den Tisch, an dem Florence sitzt …

Die Gruppe einigte sich darauf, diesen von Markus kurz angespielten realen Vorfall zu inszenieren und zu einer Unsichtbaren Theateraktion auszubauen.

Zunächst wurde an Agathes Eßtisch die *Kernszene* geprobt, die am langen Mensatisch stattfinden sollte. Da die Improvisationsarbeit mit Rollenkarussell, Rollentausch, Spiegeln, Doppeln dem der szenischen Arbeit an den Vignetten ähnelt, und um inhaltliche Wiederholungen bei der Beschreibung der Unsichtbaren Theateraktion vor Ort in der Mensa zu vermeiden, werden die Probenaufzeichnungen der *Kernszene* und *Satellitenszenen* an dieser Stelle ausgespart.

Nach der ersten Probe der *Kernszene* wurden Gruppen gebildet, die den Schauplatz und mögliche alternative Spielorte erkunden sollten: neben der FU-Mensa auch die Mensa der Berliner Humboldt-Universität und die der Technischen Universität.

Ihr Auftrag war, Handyphotos zu machen, einen Grundriß und eine Skizze mit der genauen Raumaufteilung anzufertigen: Tischanordnung, Tresen, Geschirrablage, Fensterfronten, Ausgang, Notausgänge, Toiletten. Sie sollten die Lichtverhältnisse und den Lärmpegel testen, der in der Mensa abends natürlich niedriger ist als mittags bei Hochbetrieb. Bevor die Gruppe abends auseinanderging, tauschten alle noch ihre Handynummern aus. Das dient der schnellen Kommunikation untereinander bei etwaigen Hindernissen und unerwarteten Vorkommnissen.

Dritter Workshoptag

Am nächsten Tag (Modul III) werden nach der *Blitzlicht*-Eingangsrunde zunächst gemeinsam die Lagepläne studiert und der ideale Spielort festgelegt: Es bleibt bei der Mensa der FU. Zunächst werden das Bühnenbild, die Anordnung der Tische und Stühle auf der Probebühne der Realität der FU-Mensa angeglichen.

Die anschließende intensive Probenarbeit konzentriert sich zunächst nur auf die *Satellitenszenen.*

Nach einer Pause findet ein Durchlauf mit *Kernszene* und *Satellitenszenen* statt.

Naomi übernimmt die Rolle der farbigen Studentin dann doch selbst, weil sie ausprobieren will, ob ihr der Transfer von der Probenrealität in die harte Realität draußen gelingt.

Alle anderen Akteure bestätigen sich und der Gruppe noch einmal, die übernommene Rolle auch wirklich zu spielen.

Nach einigen Atem- und Stimmübungen, die vor allem das laute, verständliche Sprechen stärken sollen, folgt ein Durchlauf ohne Volltext, wobei alle wichtigen Aktionen, Auftritte und Abtritte markiert und Stichworte und Argumentationsketten memoriert werden. Danach kostümieren sich die Akteure und schminken sich gegenseitig. Auch das stärkt das Zusammengehörigkeitsgefühl und gibt Sicherheit. Anschließend folgt die Generalprobe in Maske und Kostüm.

Die Gruppe gibt der Unsichtbaren Theateraktion den Titel *Rassisten wie wir.*

Bevor wir nach Dahlem aufbrechen, findet noch eine kurze Lagebesprechung statt: Karlheinz erklärt sich bereit, die Unsichtbare Theateraktion in der Mensa zu protokollieren. Martin, der weder an der *Kern-* noch an *Satellitenszenen* beteiligt ist, übernimmt *Security*-Funktionen, um unsere ›Aggressoren‹ zu schützen. Ich als Workshopleiter werde die Rolle des Platzhalters in der Mensa übernehmen, damit Naomi einen zentralen Platz findet, und rufe, wenn ich mich vergewissert habe, daß alle unsere Akteure eingetroffen sind und sich, wie vorher festgelegt, strategisch verteilt haben, den Antagonisten Markus an. Sein Eintreffen markiert den Start der *Kernszene.* Ich werde aufstehen und mich dann an an einen etwas entfernten Tisch zurückziehen und das Geschehen aus der Distanz beobachten.

Alle Mitwirkenden, die Akteure wie auch die an den Szenen selbst nicht beteiligten Gruppenmitglieder, haben ihr Handy eingeschaltet. So sind sie jederzeit für mich als Spielleiter erreichbar: Ich kann ihnen Nachrichten schreiben oder sie anrufen, wenn es brenzlig wird, wenn sie die Szene herunterfahren oder abbrechen, oder im Gegenteil verstärken sollen. Da es heute das Selbstverständlichste von der Welt ist, daß sich immer und überall alle mit ihrem Handy beschäftigen, werden Unbeteiligte nicht mitbekommen, welche Botschaften wir austauschen.

Nachdem wir ein Lokal festgelegt haben, in dem wir uns nach unserer Aktion zu einem ersten Austausch treffen, machen wir uns nach Dahlem auf, allerdings nicht als Gruppe. Einige fahren mit dem Auto, andere mit der U-Bahn. Selbst wenn wir im selben U-Bahn-Wagen fahren, tun wir so, als würden wir uns nicht kennen und wechseln auch kein Wort.

Die Aufführung *Rassisten wie wir* (Modul IV)

13 Uhr. Die Mensa ist voll besetzt. Ich sitze als Platzhalter am langen Mensatisch. Als Florence mit ihrem Tablett kommt und einen Platz sucht, stehe ich auf und gehe. Florence setzt sich, beginnt zu essen und vertieft sich in ein Buch. Beim Weggehen schicke ich Markus eine SMS, gebe ihm grünes Licht, daß er jetzt kommen kann. Kurz darauf tritt Markus in seiner Rolle als ›Surfer-Typ‹ Stephan an den langen Mensatisch. Nur die Plätze unmittelbar links und rechts von Florence sind noch frei. Stephan spricht sie laut an, blendend aufgelegt: »Hallo. Bei dir ist doch sicher noch frei.« Er setzt sich, ohne eine Antwort abzuwarten, neben sie.

Florence: »Ich halte eigentlich für Silvia frei, aber ist okay.«

Stephan: »Was ißt du denn da?«

Florence: »Ein Rahmschnitzel mit Pommes frites.«

Stephan: »Schweinefleisch?«

Florence: »Warum nicht?«

Stephan: »Darfst du das? Seid ihr da unten nicht alle Muslime?«

Florence: »Da unten?«

Stephan: »Entschuldigung. Ich meine Afrika.«

Florence: »Es gibt viele verschiedene afrikanische Länder. Ich bin Christin.«

Stephan: »Wirklich? Cool!«

Florence liest weiter, zeigt kein Interesse an einer Unterhaltung.

Stephan: »Und was trinkst du da? Wein?«

Florence: »Apfelsaftschorle.«

Stephan: »War auch nur ein Scherz.«

Florence reagiert nicht.

Stephan: »Was liest du da?«

Florence: »Die Dependenztheorien und die Rolle von IWF und NGOs.«

Stephan, schmatzend: »Cool. Verstehst du denn alles, was du das liest?«

Florence: »Warum sollte ich es nicht verstehen?«

Stephan: »Deutsch ist eine schwere Sprache. Es muß für dich doch verdammt schwer sein, das zu lesen.«

Florence: »Wieso?«

Stephan: »Na ja, ich meine ja nur. Du kommst ja nicht aus Frankreich oder so. Du kommst doch immerhin aus Afrika.«

Florence: »Ich komme aus Benin. Was hat das damit zu tun?«

Stephan: »Stimmt. Da hast du recht. Deine Muttersprache ist ja Französisch.«

Florence: »Weißt du, was meine Muttersprache ist? Meine Muttersprache ist Fon. Ich spreche fünf verschiedene afrikanische Sprachen, neben Französisch, Englisch und etwas Deutsch.«

Stephan: »Super! Aber du hast doch einen französischen Namen? Entschuldige, ich habe ihn leider vergessen.«

Florence: »Florence.«

Stephan: »Genau: Florence, die Blume oder so ähnlich. Cooler Name.«

Florence: »Den haben meine Eltern mir gegeben.«

Stephan: »Cool. Dann hält dich jeder für eine Französin! Zumindest am Telefon. Oder hast du die französische Staatsbürgerschaft?«

Florence: »Benin ist ein unabhängiges Land.«

Sie hat genug von der Unterhaltung, ißt und liest weiter.

Stephan: »Oh, da kommt mein Kumpel Rüdiger. Kannst du bitte einen Stuhl weiterrücken, Florence?«

Florence: »Warum?«

Stephan: »Damit mein Kumpel neben mir sitzen kann.«

Florence rückt einen Stuhl weiter, zieht ihr Tablett und ihr Buch über den Tisch nach.

Rüdiger (Jan), setzt sich: »Hi, seit wann hast du so eine Freundin. Ist ja ganz was Neues.«

Stephan: »Das ist nicht meine Freundin. Wir sind im selben Kurs. Aber was nicht ist, kann ja noch werden.«

Rüdiger klopft Stephan anerkennend auf die Schulter: »Stephan, du alter ›Couchsurfer‹!«

Stephan: »Das täuscht.«

Rüdiger lacht mampfend: »Verstehe. Die Kolonie will erobert werden.« Spricht ziemlich laut, macht auf naiv: »Sag mal, du kannst mir das sicher erklären. Das beschäftigt mich schon seit längerem. Es soll ja Untersuchungen geben, die belegen, daß Kampffliegerpiloten aus Afrika, die von der Bundeswehr ausgebildet werden, mehr Schwierigkeiten mit der Flugzeug- und Waffentechnik haben als Europäer. Ich habe irgendwo gelesen, das hat vermutlich mit den Genen zu tun. Ist da was dran?«

Stephan: »Dazu kann ich dir nichts sagen.«

Rüdiger: »Vielleicht kann uns das ja deine Kleine beantworten.«

Stephan: »Das glaube ich nicht. Das ist doch immanent.«

Rüdiger: »Das verstehe ich jetzt nicht.«

Stephan: »Komm, ich glaube, die ist eh schon genervt von uns.«

Rüdiger: »Versteh ich nicht. Ich habe doch nichts Verbotenes gesagt.«

Rüdiger ißt. Florence liest konzentriert weiter.

Pause.

Rüdiger: »Ich habe übrigens für heute Abend ein paar Leute eingeladen. Du kommst doch?«

Zu Florence: »Willst du nicht auch kommen?«

Florence antwortet nicht, liest.

Rüdiger, charmant: »Hallo, ich habe dich etwas gefragt.«

Florence ignoriert ihn.

Rüdiger noch immer charmant: »Hallo, ich rede mit dir!«

Florence blickt kurz auf, fragt knapp: »Ja?«

Rüdiger: »Ich habe für heute Abend ein paar Leute eingeladen. Stephan kommt auch. Willst du nicht auch kommen? Sind lauter nette Leute.«

Florence: »Ich weiß nicht.«

Rüdiger, weiter smart: »Was weißt du nicht?«

Florence: »Ich glaube, ich habe keine Zeit.«

Rüdiger: »Wie bitte, was? Was ist denn das für eine Antwort? Hier sind zwei supernette junge Männer, die dir die Ehre erweisen, dich einzuladen, und du sagst nein?!«

Florence: »Was ist das für eine Party?«

Stephan: »Freunde von Rüdiger und mir. Alles sehr nette Leute. Juristen, BWLer, Informatiker usw.«

Rüdiger: »Genau! Und du wärst das Tüpfelchen auf dem i, der Farbklecks sozusagen, der das Ganze etwas bunter macht.« Er stößt Stephan an.

Florence wird wütend: »Farbklecks? Ich bin ein Farbklecks? Weißt du eigentlich, was du da redest?«

Die anderen Studierenden (real) verfolgen das relativ laut geführte Gespräch inzwischen mit wachsender Spannung.

Stephan: »Das war doch nett gemeint, Florence. Das heißt doch nichts, das war nur so dahingesagt.«

Florence: »Nur so dahingesagt?!«

Rüdiger: »Mann! Ich wollte dir was Gutes tun. Du bist doch als Ausländerin sicher isoliert und einsam in Deutschland. Da wollte ich dir Kontakte verschaffen. Nette Deutsche!« Stößt seinen Kumpel erneut an: »Vielleicht findest du ja dort deinen Traummann! Und wie im Märchen sind alle Probleme gelöst.«

Florence: »Ich wüßte nicht, was ich für Probleme haben sollte.«

Rüdiger einschmeichelnd: »Ich sage nur: Arbeitserlaubnis, deutscher Paß. Man weiß ja nie.«

Stephan: »Rüdiger, hör auf, du stichst in ein Wespennest!«

Vanessa, im Kapuzenpullover, von einem Nachbartisch, wo sie inmitten realer Studenten sitzt und Mittag ißt: »Hey du, was redest du denn da für eine faschistische Scheiße zusammen?!«

Rüdiger: »Was regst du dich denn auf? Ich sage doch nichts Verbotenes. Ich tue etwas für die Völkerverständigung.«

Vanessa: »Du redest faschistische Scheiße.«

Stephan: »Ganz im Gegenteil.«

Vanessa: »Halt's Maul, du Porschewichser! Solche wie du beuten den schwarzen Kontinent aus!«

Rüdiger dreht sich zu Vanessa um: »Und solche Sozialschmarotzer wie du nehmen Studierenden aus Afrika den Studienplatz weg.«

Stephan: »Komm, hör nicht hin.«

Rüdiger: »Schau sie dir an. Glaubst du, daß die studiert? Die frißt sich hier durch. Semesterticket, krankenversichert, alles zu Lasten des Staates. Deine schwarze Freundin ist wenigstens ordentlich angezogen und bestimmt auch fleißig. Die trägt zur Völkerverständigung bei.«

Florence springt auf und kippt ihm die Apfelsaftschorle ins Gesicht: »Hier hast du deine Völkerverständigung!«

Rüdiger springt auf, schreit sie an: »Bist du wahnsinnig geworden?«

Stephan springt ebenfalls auf, stellt sich zwischen beide: »Schluß!«

Rüdiger: »Hast du das gesehen? Die kippt mir ihr Glas ins Gesicht!«

Stephan packt ihn am Arm: »Beruhige dich!«

Rüdiger brüllt Florence an: »Keine Angst. Ich kann mich beherrschen! Ich werde mich doch nicht an einer Ausländerin vergreifen.«

Florence schreit: »Du beschimpfst und beleidigst mich! Als Frau und als Schwarze!«

Stephan zur Florence: »Und du beruhigst dich jetzt auch!«

Rüdiger: »Es juckt mich in der Hand. Aber ich tue dir nicht den Gefallen, dich zu schlagen! Ich werde mir doch nicht wegen so einer die Karriere versauen.«

Eva stößt ›zufällig‹ zur Gruppe: »Was ist denn hier los, Florence? Hallo, ist hier dicke Luft?«

Rüdiger, noch immer stehend: »Eigentlich nicht. Außer, daß mir deine Freundin aus heiterem Himmel ihren Apfelsaft ins Gesicht gekippt hat.«

Ein junger Mann (real), der am Tisch gegenüber sitzt und die Szene die ganze Zeit beobachtet hat, springt auf und geht auf Rüdiger los: »Noch ein Wort und du kriegst eins auf die Fresse.«

Martin, der als *Security* mit am Nachbartisch sitzt, springt auf und stellt sich schützend vor Rüdiger: »Hey, immer mit der Ruhe.«

Rüdiger verläßt die Mensa. Der junge Mann (real) will ihm nachgehen, aber Martin hält ihn fest.

Martin: »Come down!«

Der junge Mann (real): »Hast du das nicht mitgekriegt, wie er diese Frau angemacht hat? Dieses Nazischwein!«

Stephan: »Was hat denn das mit Nazi zu tun? Nazis gibt es zum Glück nicht mehr.«

Der junge Mann (real): »Dann ist er eben ein Neonazi! Ich werde schon rauskriegen, wo der wohnt. Dem müßte man das Auto abfackeln!«

Eva: »Wenn du das machst, bist du genauso bescheuert wie der!«

Der junge Mann zu Florence: »Alles okay? Wir werden euch vor diesen Schweinen schützen.«

Florence: »Ich kann mir schon selbst helfen.«

Der junge Mann reagiert gereizt: »Das kannst du nicht.«

Stephan: »Mit Gewalt erreichst du gar nichts!«

Eva: »Das sehe ich auch so.« An den jungen Mann gerichtet: »Du bestärkst diese Typen nur.«

Der junge Mann: »Eine andere Sprache verstehen die nicht.«

Florence zu Stephan: »Der Auslöser warst du. Du hast mit den Beleidigungen angefangen.« Äfft ihn nach: »Was liest du denn da? Verstehst du das überhaupt? Was, du hast einen französischen Namen? Was, du bist Christin, obwohl du eine Negerin bist?«

Stephan: »Das habe ich alles gar nicht gesagt. Und wenn, war es doch nicht so gemeint.«

Florence: »Ich habe es aber so verstanden. So cool wie du das alles rübergebracht hast. Das hat mich fast noch mehr aufgeregt als die chauvinistischen Sprüche von deinem Kumpel.«

Stephan: »Ich will dich einfach näher kennenlernen!«

Eva: »Das hast du ja perfekt hingekriegt.«

Stephan: »Ich bin weder Frauenfeind noch Rassist! Ich finde Schwarze toll!«

Florence: »Das habe ich gemerkt, du hast mich auf mein Schwarzsein reduziert. Und das hat mich so wütend gemacht.«

Stephan: »Warum hast du denn nichts gesagt?«

Florence: »Ich habe versucht, mich zu beherrschen.«

Stephan: »Deshalb bist du dann ausgerastet.«

Florence: »Ja, das war vielleicht ein Fehler. Ich hätte den Mund halten sollen.«

Stephan: »Du hast überreagiert. Du hättest gleich etwas sagen sollen.«

Eine ältere Frau (Agathe), die am Tischende sitzt: »Wenn das so einfach wäre, junger Mann! Ich habe mich auch nicht eingemischt. Aber nicht, weil ich mich nicht getraut hätte, sondern weil ich nicht belehrend und besserwisserisch klingen wollte. Damit Sie nicht sagen können: Typisch Professorin! Aber jetzt sage ich doch etwas. Mag sein, daß Sie es als Soziologen- und Psychologengequatsche abtun. Sie, junger Mann, haben das Schwarzsein dieser jungen Frau positiv verkehrt!«

Der junge Mann schaut die ›Professorin‹ entgeistert an.

Die Professorin (Agathe): »Ja, indem Sie diese junge Frau verteidigt haben, haben Sie sie auf ihr Anderssein reduziert. Vielleicht sollten Sie mal Pascal Bruckner lesen. Da würden Sie erfahren, daß Antirassismus auch Züge von Rassismus haben kann, weil Sie durch Ihr Eintreten für eine ethnische

Gruppe dem Individuum die Möglichkeit erschweren, wenn nicht gar verweigern, sich von seinen Traditionen loszusagen.«

Der junge Mann (real): »Das hat man davon. Macht euren Scheiß doch alleine!« Er geht zurück an seinen Tisch.

Die Professorin (Agathe): »Sie mißverstehen mich, junger Mann. Ich will Ihr Engagement nicht abwerten. Ganz im Gegenteil. Sie müssen sich nur der Gefahr dieser Ambivalenz bewußt sein.«

Im Hintergrund tauchen zwei Mitarbeiter des Sicherheitsdienstes der Universität auf, die die Szene beobachten, aber nicht einschreiten.

Die ganze Unsichtbare Theateraktion, bestehend aus *Kernszene* und *Satellitenszenen,* in die bereits Zeugen des Vorfalls eingriffen, dauerte insgesamt ca. 30 Minuten. Die Akteure, die abseits von *Kernszene* und *Satellitenszenen*, auf den äußeren Ebenen A3, A4 und P3, P4 versuchten, Mensagäste in die Debatte einzubeziehen, in Gespräche zu verwickeln, verließen als letzte den Ort des Geschehens nach ca. 45 Minuten.

Erste Nachbesprechung

Jan ist längst beim verabredeten Treffpunkt in einer Kneipe in der Nähe der Uni. Hier ›entrollen‹ sich die Akteure, sie schminken sich ab, ziehen wieder ihre Alltagskleidung an. Hier findet die erste Nachbesprechung statt, die vor allem zur ersten ›Entlastung‹ der Beteiligten dient. Dabei erzählt jede/jeder, wie er/sie die Szene erlebt hat.

Mit derart heftigen Reaktionen hatte keiner aus der Gruppe gerechnet. Jan fühlte sich in seiner Rolle körperlich bedroht und glaubte, daß nur Martins Einschreiten ihn vor Schlimmerem bewahrt hat.

Jan: »Das zeigt mir, wie wichtig *Security* ist, weil du nie weißt, was passiert. Ich hatte das Thema am Anfang unterschätzt.«

Naomi hatte nicht soviel spontane Unterstützung erwartet.

Markus: »Das Biotop Uni reagiert auch anders als das Gros der Bevölkerung.«

Naomi: »Mich haben dann vor der Mensa sogar noch Kommilitonen angesprochen, ob alles in Ordnung sei, ob ich Hilfe bräuchte. Eine hat mich zu sich eingeladen, abends gäbe es eine Party, eine reine Frauenparty.«

Vanessa wundert sich: »Was ich nicht verstehe, daß ausgerechnet mir, die ich Naomi doch unterstützt habe, ganz viel Antipathie entgegenschlug. Ich war doch eine positive Figur.«

Hedwig: »Ich saß ziemlich am Rand der Szene, spielte die ›Nichtsahnende‹, fragte nach, was denn da drüben los ist. Du bist den Leuten unangenehm aufgefallen, weil du so aggressiv warst. Die haben gedacht, du gehörst zu dem jungen Typen, der auf Rüdiger losgegangen ist, also zu so einer Gruppe Autonomer.«

Vanessa: »O Gott! So sah ich mich überhaupt nicht.«

Hedwig: »Ich habe dein Bild zurechtgerückt. Daß das eine bösartige Unterstellung sei, ein Vorurteil. Nur weil du nicht so schick angezogen bist wie die beiden Typen, heißt das noch lange nicht, daß du dich durch das soziale Netz irgendwie durchhangelst, sondern daß du es dir einfach nicht leisten kannst und sehen mußt, wie du dein Studium finanzierst. Und ich habe gesagt, daß bei dieser jungen Frau ein Sozialhaß gegen diese Yuppies durchaus nachvollziehbar sei.«

Karlheinz: »Ich saß auch etwas weiter weg. Ich habe zwar Protokoll geführt, aber gleichzeitig einen Rentner gespielt, der sich in ein Seniorenstudium eingeschrieben hat. Ich sagte zu meinen Tischnachbarn, mich hätte das an frühere Zeiten erinnert, wo unser Bundespräsident noch ganz selbstverständlich von Negerinnen und Negern sprach. Da war Rassismus an der Tagesordnung. Die jungen Leute waren ziemlich geschockt über das, was ich erzählte, aber auch über den Vorfall.«

Markus ist erstaunt: »Die realen ›Zuschauer‹-Reaktionen, die ich damals erlebt habe als Zeuge, waren viel softer. Da hat nämlich keiner was gesagt. Verstehe ich irgendwie nicht. Haben wir die gleiche Situation doch anders rübergebracht? Aber das lag vielleicht auch an der Zusammensetzung der Klientel an diesem Tag.«

Bodo: »Eine junge Frau in meiner Nähe hat sogar Beifall geklatscht, als Naomi dem jungen Aufreißer die Apfelschorle ins Gesicht geschüttet hat. Ich habe sie dann gefragt, ob sie auch so handeln würde. Da war sie sich nicht sicher. Aber man lernt immer was dazu!«

Agathe: »Mich sprach eine Studentin an und bat um einen Sprechstundentermin. Sie schreibe ihre Bachelorarbeit über Aggression und würde sich von mir gerne beraten lassen. Ich wußte zunächst nicht, was ich antworten sollte als falsche Professorin. Ich stotterte dann irgend etwas herum, ich sei hier nur zu einer Tagung, sie solle sich doch besser an einen hiesigen Kollegen wenden, und habe sie stehen lassen. Vielleicht hätte ich mich mit ihr noch unterhalten sollen. Ich war nicht richtig darauf vorbereitet.«

Vierter Workshoptag

Am nächsten Vormittag treffen wir uns zu Auswertung, Feedback und zur Planung neuer Unsichtbarer Theateraktionen (Modul V). Bei den Feedbacks aus der Rolle und dem persönlichen Erlebnis wird zum Teil, wenn auch weniger emotional, wiederholt, was schon am Vortrag gesagt worden ist. Naomi bedankt sich bei den anderen, daß sie ihr mit dieser Problematik so viel Raum und Zeit gewidmet haben. Für sie sei das Thema nicht abgeschlossen, das könne es wohl auch gar nicht. Jan schlägt vor, die Szene noch einmal in der Mensa der Humboldt-Uni zu spielen oder an einem anderen Ort außerhalb der Uni. Naomi ist strikt dagegen. Sie möchte nicht so schnell wieder als Protagonistin in einer Szene auftreten, die so viel mit ihrem persönlichen Erleben zu tun habe und ihr noch immer so nahegehe. Alle sind sich einig, daß die Szene ohne Naomi nicht machbar sei.

Eine Theoriediskussion kam nicht zustande, zu stark wirkte die Erfahrung in der FU-Mensa noch nach. Aber alle wollen sich das nächste Wochenende wieder treffen. Markus meldet schon jetzt den Wunsch an, die ›Schwulenproblematik‹ wieder aufzugreifen. Seine Vignette *Gay and proud!* lasse ihn nicht los. Martha geht es ähnlich. Sie sagt, das Thema liege auf der Hand. Die anderen wollen nicht vorgreifen. Ich gebe zu bedenken, ein Thema lasse sich nicht im voraus festlegen. In acht Tagen kann anderes aktuell und virulent sein, auch die Gruppendynamik unterliegt Stimmungsschwankungen.

Mit einem gemeinsamen Mittagessen beschließt die Gruppe das Wochenende.

Weitere Unsichtbare Theateraktionen

Der Heiratsantrag

Eine Woche später. Die Gruppe trifft sich wieder in Agathes Wohnung, um eine neue Unsichtbare Aktion vorzubereiten.

Nach einigen kurzen Aufwärmübungen besprechen wir noch einmal die Erfahrungen des vorangegangenen Treffens und die Aufführung *Rassisten wie wir*. Da sich die Gruppe bereits kennt und gemeinsame Spielerfahrung hat, geht die Diskussion ohne Umschweife gleich über in die neue Themensuche.

Martha und Markus würden gern eine Szene zur Situation der Gay-Community machen. Von den Mitarbeitern des schwulen Überfalltelefons weiß Markus, daß die Gewalt gegen Schwule in Berlin massiv zugenommen hat. Martin bestätigt das aus der Sicht der Polizei.

Markus: »Wir dürfen uns nichts vormachen. Es sind vor allem Ausländer und Anhänger der rechten Szene, die uns bedrohen. Man kann gar nicht mehr in Ruhe abends im Tiergarten *cruisen*.«

Karlheinz weiß nicht, was *cruisen* bedeutet.

Markus: »Wenn schwule Männer im Park den schnellen Sex suchen.«

Karlheinz: »Macht das Spaß, wenn es so gefährlich ist?«

Markus: »Das ist doch gerade der Kick.«

Olaf: »Karlheinz, du verstehst das nicht. Die Schwulen spielen Räuber und Gendarm im Dunkeln. Am liebsten noch in Uniform. Und wenn die Bedrohung ernst wird, ziehen sie den Schwanz ein.«

Markus: »Was sind denn das für schwulenfeindliche Sprüche?«

Olaf: »Egal. Ich denke an deine Vignette zurück und an die Geschichte in der Motzstraße, wo ich mit eigenen Augen gesehen habe, wie die Schwulen den großen Macker in Leder spielen und dann wegschauen, wenn Schwule geklatscht werden.«

Karlheinz: »*Geklatscht?*«

Olaf: »Wenn Markus eine aufs Maul kriegt.«

Markus: »Du bist wohl selbst verklemmt …« Er wirft sich lachend auf Olaf und nimmt ihn in den Schwitzkasten.

Agathe klatscht in die Hände: »Zurück zur Tagesordnung! Was machen wir jetzt?«

Olaf befreit sich keuchend: »Bei aller Solidarität, ihr nervt mich einfach. Beim Christopher Street Day legen ein paar Prozent der Bevölkerung jedes Jahr die ganze Stadt lahm. Ich sehe da keine politische *Message* mehr. Für mich ist das ein ausgeflippter Karneval.«

Karlheinz: »Ich finde, es ist eine Zumutung für unsere ausländischen Mitbürger, wie ihr euch bei eurer schwulen Loveparade aufführt.«

Martha: »Auf welcher Seite steht ihr eigentlich?!«

Bodo: »Worüber reden wir jetzt eigentlich?«

Agathe: »Also, der Sex im Tiergarten ist für mich eher ein Randproblem.«

Bodo: »Wie sollen wir einen Überfall nachts im Tiergarten spielen?«

Markus: »Darum geht es doch gar nicht. Es geht darum, daß die Gewalt gegen andere Lebensformen, zwar latent, aber immer vorhanden ist.«

Bodo: »Also, ich kann doch nicht in der Feinkostabteilung vom KaDeWe die Hose runterlassen. Das ist geschmacklos. Dazu wäre ich auch im *Unsichtbaren Theater* nicht bereit.«

Agathe: »Jetzt reicht es aber! Bitte keine schwulenfeindlichen Stammtischsprüche!«

Martha: »Ist euch eigentlich aufgefallen, daß wir die ganze Zeit über schwule Männer reden? Und das ist nicht nur hier in der Gruppe so. Das gilt für Berlin generell. Nehmt die Schwulenmagazine: so gut wie fast nur Männerthemen. Wo bleiben *wir*?«

Naomi: »Das wundert mich nicht, in patriarchalischen Gesellschaften ist eben ein phallozentrischer Diskurs dominant, und das gilt auch für die männliche schwule Community.«

Olaf: »Das ist mir jetzt zuviel Psychologisiererei.«

Agathe: »Also mich interessiert das Thema sehr. Ich bin aber strikt dagegen, daß wir eine negative Szene wie ›Gewalt gegen Schwule‹ spielen. Ich bin jedoch sehr dafür, daß wir etwas machen zum Thema ›Gay in the City‹. Ich kenne so viele tolle Lesben und Schwule in Berlin, auch in meinem Freundes- und Bekanntenkreis, für die ist das Schwulsein völlig normal, und ich finde, wir sollten zeigen: In Berlin ticken die Uhren anders. Wir sollten zeigen: Berlin ist eine offene, liberale Stadt, wo vieles möglich und inzwischen selbstverständlich ist.«

Markus: »Es ist aber nicht selbstverständlich.«

Agathe: »Warum so pessimistisch? Wir sind auf dem Weg dorthin. Und das sollten wir zeigen. Ein optimistisches Bild.«

Hedwig lacht: »Wir setzen die rosarote Brille auf!«

Martha: »Lesbische Frauen führen selbst in Berlin noch immer ein Schattendasein. Wenn wir eine Szene zeigen, die dazu beiträgt, das zu ändern, bin ich dabei.«

Martin: »Lesbische Frauen werden laut Statistik von der Gesellschaft eher toleriert als schwule Männer. Es gibt auch weniger Gewalt gegen Lesben.«

Martha: »Eben! Weil sie mehr im Verborgenen leben.«

Bodo: »Und nicht so schrill auftreten.«

Markus: »Okay! Ich bin dabei.«

Vanessa, die die ganze Zeit nichts gesagt hat, ist bereit, eine Protagonistinnenrolle zu übernehmen.

Da alle Gruppenmitglieder bereits konkrete Bilder im Kopf hatten, wurden die Vignetten ausgespart und direkt im Anschluß an die Diskussion *Kernszene* und *Satellitenszenen* durch Improvisationen erarbeitet, wo jede(r) jede Rolle spielt, im Rollenkarussell Vorschläge durchspielt, wo jede(r) Autor(in), Regisseur(in),

Kostümbildner(in) ist und schließlich gemeinsam entschieden wird, wer welche Rolle spielt. Die Ausgestaltung der einzelnen Rollenprofile, inklusive Kostüm und Schminke, die Auf- und Abtritte der Akteure wurden wieder in unserem Regiebuch minutiös protokolliert. (Die Vorgehensweise [Rollentausch, Doppeln, Spiegeln, Rollenkarussell] wurde bereits an Beispielen des vorangegangenen Workshopwochenendes beschrieben.)
Unsere Unsichtbare Aktion bekam den Titel *Der Heiratsantrag*. Nach Erkundung unterschiedlicher Spielorte wurde beschlossen, in einem Café in Berlin-Mitte zu spielen, das auch von vielen Berlin-Touristen besucht wird.

Die Aufführung Der Heiratsantrag
Das Café schräg gegenüber vom Berliner Dom ist durch eine breite Glasfront, die auf die Spreeseite hinausgeht, von außen gut einsehbar. Es ist 15.30 Uhr, Kaffeezeit. Die Sonne scheint, die Türen stehen offen. Das Café ist gut besucht: die kleinen runden Tische mit den Clubsesseln im Zentrum des Raumes sind besetzt, ebenso die rechteckigen Tische mit den Lederimitatbänken an den Seiten. Ältere und jüngere Leute, Gruppen und Singles bunt gemischt. Etliche Gäste haben einen Berliner Stadtplan und Reiseführer vor sich liegen. Ich stehe am Zeitungsständer und schreibe Martha eine SMS, daß alle Gruppenmitglieder im Café eingetroffen sind und sich strategisch verteilt haben. Sie könne jetzt kommen.

Sarah (Martha), enge weiße Jeans, rosa T-Shirt, betritt das Café. Das ist das Signal für Karlheinz, der als Platzhalter einen zentralen Tisch in der Mitte des Cafés freigehalten hat. Er steht auf und räumt den Platz, schlendert zum Zeitungsständer und blättert in Illustrierten. Niemand nimmt Notiz davon. Sarah hat einen riesigen Strauß langstieliger roter Rosen in der Hand. Sie steuert sofort auf den Tisch zu, den Karlheinz freigemacht hat, legt die Rosen auf den Tisch und setzt sich.

Ein junger Kellner in schwarzem T-Shirt und langer schwarzer Schürze bringt ihr sofort die Karte und fragt sie lächelnd, ob er die Rosen in eine Vase stellen soll. Sarah bedankt sich strahlend. Kurz darauf kommt er mit einem Sektkübel, stellt die Rosen ins Wasser und zwinkert ihr zu.

Am Nebentisch sitzen vier junge Männer (real), die Bier trinken. Sie schauen zu Martha, stecken die Köpfe zusammen, machen anzügliche Bemerkungen und lachen laut.

Unmittelbar neben den jungen Männern sitzen Vanessa und Olaf. Sie spielen ein junges Paar, modisch gekleidet, mit großen Boutiquetüten, sie machen offensichtlich eine Shoppingpause. Sie trinken einen Eiskaffee. Vanessa und Olaf agieren in einer *Satellitenszene*, die bei dieser Unsichtbaren Theateraktion von Anfang an die Aufmerksamkeit auf die *Kernszene* lenken soll.

Die junge Frau (Vanessa) kann den Blick nicht vom riesigen Rosenstrauß wenden.

Zu ihrem Freund (Olaf), begeistert, halblaut: »Schau mal, was das für tolle Blumen sind.«

»Wo?«

»Na da, zwei Tische weiter!«

»Ach die. Und was ist damit?«

»Rote Rosen!«

»Na und?!«

»Für wen die wohl sind?«

»Woher soll ich das wissen.« Olaf löffelt seinen Eiskaffee.

»Ich bin gespannt. Vielleicht kommt ja noch jemand.«

Das ist für mich das Zeichen, Eva anzurufen, die in einer Seitenstraße auf ihren Einsatz wartet, um ihr das Startsignal zu geben.

Kurz darauf betritt Vera (Eva) das Café. Sie ist Mitte Dreißig, auf Jungmanagerin zurechtgemacht, trägt einen eleganten grauen Hosenanzug, hat eine Aktentasche dabei. Sie läßt den Blick durchs Café streifen, entdeckt Sarah und steuert auf ihren Tisch zu.

Sarah springt auf, ruft laut: »Vera, hier bin ich!«

Als Vera vor ihr steht, umarmt sie sie und küßt sie auf den Mund. Vera versucht sich zu entziehen.

Sarah: »Da bist du ja, mein Schatz!«

Sie setzen sich. Sarah ruft laut nach dem Kellner. Noch bevor er am Tisch angelangt ist, ruft Sarah ihm zu: »Zwei Gläser Champagner für mich und meine Verlobte. Wir haben etwas zu feiern!«

Vera: »Nicht so laut. Was ist denn in dich gefahren?«

Sarah: »Ich bin einfach glücklich ...«

Vera halblaut: »Für wen sind diese wunderbaren Rosen?«

Sarah sehr laut: »Für wen wohl. Dreimal darfst du raten!«

Vera: »Für mich?«

Sarah: »Für dich, mein Schatz!«

Sarah steht auf, nimmt die Blumen aus dem Sektkübel, kniet vor Vera nieder, streckt ihr die Rosen entgegen und spricht so laut, daß alle es hören können: »Geliebte Vera. Wir sind jetzt genau seit einem Jahr zusammen. Wir lieben uns. Vor einer Woche haben wir unsere gemeinsame Wohnung bezogen. Es ist an der Zeit. Hiermit frage ich dich: Willst du meine Frau werden?«

Die jungen Männer (real) am Nebentisch glucksen.

Vera betreten: »Sarah, bitte!«

Sarah: »Was ist denn, Vera?«

Vera ungeduldig: »Sarah, bitte setz dich wieder!«

Sarah: »Liebst du mich nicht mehr?«

Vera: »Natürlich liebe ich dich.«

Das ist das Stichwort für den jungen Mann (Olaf), seine Partnerin (Vanessa) zu fragen: »Was gaffst du denn dauernd da rüber!«

»Man wird doch wohl noch schauen dürfen.«

»Was findest du an denen?«

»Ich finde einfach schön, wie verliebt sie sind.«

»Das ist doch widerlich.«

»Was ist denn mit dir los?«

»Ich bin auch noch da.«

Sie lacht: »Ja, mein Schatz«, küßt ihn aufs Ohr. Dann dreht sie Olaf den Rücken zu und schaut wieder zu den beiden Frauen.

»Was starrst du denn dauernd dahin!«

»Ich finde es einfach schön, wie die beiden miteinander umgehen.«

Olaf als junger Mann sagt laut: »Diese blöden Lesben!«

»Spinnst du?«

»Blöde Lesben!«

»Weißt du eigentlich, was du da sagst?«

»Die Lesben gehen mir auf den Sack.«

»Wie bitte?«

»Wenn du sie so toll findest, kannst du dich ja zu ihnen setzen. Mich nervt dieses Getue.«

»Das sind zwei Frauen, die sich lieben.«

Der Kellner bringt zwei Gläser Champagner.

Sarah (Martha) stehend, hebt das Glas: »Wir lieben uns!«

Die Jungmanagerin Vera (Eva): »Die Leute schauen schon. Bitte, Sarah.«

Sarah: »Wir haben nichts zu verbergen. Ich will meine Liebe nicht verstecken. Nicht mehr. Ich will mich nicht verstecken, ich will dich nicht verstecken, alle sollen es wissen.«

Vera: »Bitte, setz dich hin. Mir ist das peinlich. Ich möchte das nicht.«

Die junge Frau (Vanessa) schwärmt: »Rote Rosen! Hast du das gesehen?«

Der junge Mann (Olaf): »Was ist denn daran so Besonderes?!«

»Die schenkt man sich, wenn man verliebt ist, wenn man sich liebt.«

»Das ist mir bekannt.«

»Wann hast du mir eigentlich das letzte Mal rote Rosen geschenkt?«

»Wir sind doch schon eine Ewigkeit zusammen.«

Sarah steht wieder auf, hält die Rosen in die Luft, ruft ins Café: »Das ist meine Freundin. Sie heißt Vera! Ich heiße Sarah. Wir lieben uns. Wir sind glücklich. Wir werden heiraten. Wir werden ein angstfreies, glückliches Leben führen. Wir werden eine Familie gründen.«

Vera will Sarah auf den Stuhl zurückziehen: »Sarah, wir sind doch hier nicht allein. Du kannst doch hier nicht so ein Theater machen.«

Ein Herr (real) fragt: »Sind Sie vom Maxim Gorki Theater? Ist das eine Werbung für die neue Spielzeit?«

Vera ärgerlich zu Sarah, improvisiert: »Das hast du davon! Die Leute denken, du spielst Theater. Ich glaube das langsam auch. Du spielst Theater. Du spielst mir etwas vor!«

Sarah, abwechselnd zu dem Herrn (real) und zu Vera, improvisiert: »Ich spiele kein Theater. Es ist mir ernst. Todernst! Ich liebe dich. Ich will dich heiraten.«

Der junge Mann (Olaf): »Vermutlich hat sie Drogen genommen! Die koksen doch alle.«

Die junge Frau (Vanessa) zu ihrem Freund: »Und du bist ein langweiliger Chauvi!«

Vera zu Sarah: »Sarah. Bitte. Wie peinlich!«

Der Herr (real) fragt einen Nachbarn am Nebentisch, zufällig Bodo aus der Gruppe: »Heiraten? Geht denn das überhaupt? Na ja, wenn es bei denen schon so anfängt. Das kann ja heiter werden.«

Bodo, der keine eigene Rolle einstudiert hat, aber gut vorbereitet ist, er will als Moderator und Sachverständiger wirken, klärt den Herrn wie beiläufig über den aktuellen Stand der Debatte um die gleichgeschlechtliche Partnerschaft auf.

Sarah setzt sich, verärgert, laut: »Was ist dir peinlich? Hast du Angst, daß dich jemand kennt? Hast du Angst, daß du nicht fest angestellt wirst? Eine lesbische Büroleiterin! Pfui!«

Zwei ältere Damen, offensichtlich Berlinerinnen, bleiben beim Hinausgehen am Tisch des lesbischen Liebespaares stehen. Die eine sagt: »Es hat doch keiner was dagegen! Aber Sie müssen es doch nicht in aller Öffentlichkeit zeigen!« Dann verlassen sie mild lächelnd das Café.

Vera: »Sarah, ich glaube, wir gehen jetzt besser. Zahlen bitte!«

Der junge Kellner ist sofort zur Stelle: »Der Champagner geht aufs Haus, hat der Chef gesagt.«

Vera steht auf und läuft hinaus. Sarah läuft ihr mit den Rosen in der Hand hinterher.

Die jungen Männer (real) applaudieren.

Bodo fragt einen der jungen Männer: »Und warum applaudieren Sie jetzt?«

Der junge Mann: »Weil ich die beiden cool finde! Super!«

Bodo: »Sind Sie aus Berlin?«

Der junge Mann: »Nein, wir kommen aus Tübingen. Wir sind Studenten auf Exkursion in Berlin.«

Bodo: »Was finden Sie an den beiden cool?«

Student: »Die mit den Rosen fand ich toll. Das so offen zu zeigen. Die hat mir aber gleichzeitig auch leid getan. Weil sich ihre Freundin für sie geschämt hat. Fand ich nicht gut.«

Bodo fragt den Studenten: »Glauben Sie, daß die sich normal verhalten haben?«

Student: »Nein, eigentlich nicht. Aber vielleicht ist das bei den Lesben und Schwulen anders. Aber wie gesagt, ich fand sie trotzdem cool.«

Bodo: »Vielleicht ist das die Reaktion oder Überreaktion auf reale oder imaginierte Unterdrückung.«

Student: »Mag sein. Es gibt für alles eine Erklärung.«

Der Herr (real) zu dem Studenten: »Berlin hatte ja immer einen Sonderstatus. Ich weiß nicht, ob Ihnen bekannt ist, daß unser Bürgermeister auch vom anderen Ufer ist. Wir haben doch hier andauernd Theater. Mir geht das manchmal zu weit.«

Bodo: »Vermischen Sie da jetzt nicht Dinge?«

Der Herr (real), leicht verärgert: »Hören Sie mir mal zu. Sollen die doch machen, was sie wollen. In geschlossen Räumen. Im Keller. Aber wenn sie sich dann nackt an der Hundeleine Gassi führen … Mir tun nur die Kinder leid, die das zu Gesicht kriegen. Auf der Straße. Ich wage mir gar nicht vorzustellen, wie das ist, wenn die solche Eltern haben: zwei Väter, mit Handschellen und Nasenring. Was sind das für Vorbilder?«

Bodo: »Sie sind ja gut informiert. Und voller Vorurteile.«

Der Herr (real): »Ach, lassen Sie mich doch in Ruhe mit den Homos!«

Bodo: »Glauben Sie, daß die beiden Frauen heiraten werden? Darum ging es doch.«

Eine Dame (real), die allein zwei Tische weiter sitzt und immer wieder hinter ihrem Stadtplan hervorgeschaut hat, mischt sich plötzlich ein: »Ich hoffe, daß sie heiraten! Daß das heute möglich ist, ist wunderbar. Ich werde es meinen Freundinnen erzählen. Wissen Sie, ich komme aus Krakau. Da geht das nicht. Daß zwei Frauen in der Öffentlichkeit zärtlich sind, das gibt es schon, ist aber nicht ungefährlich. Für zwei homosexuelle Männer ist es noch gefährlicher. Schrecklich. Das muß doch einmal aufhören. Mehr möchte ich dazu nicht sagen.« Sie nickt mehrmals und versteckt sich wieder hinter ihrem Stadtplan.

Der Student: »Jetzt wird es erst mal Zoff geben zwischen den beiden. Ich hab mal was von gleichgeschlechtlicher Partnerschaft gehört. Aber heiraten? Ich habe gelesen, daß das in Spanien geht.«

Bodo wiederholt noch einmal den aktuellen Informationsstand über die Möglichkeiten der gleichgeschlechtlichen Partnerschaft in Deutschland.

Eine Frau mittleren Alters (real), die genau zugehört hat: »Na ja, vermutlich ist die Jüngere von den beiden arbeitslos. Da will sie die Ältere natürlich heiraten. Dann hat sie ausgesorgt. Und kriegt später die Pension.«

Der Herr (real): »Und was soll daran so verwerflich sein? Die Partner in einer normalen Ehe sorgen doch auch füreinander. Sie leben doch vermutlich auch auf Kosten Ihres Mannes.«

Die Frau (real): »Das ist doch etwas ganz anderes. Die Frau ist dazu bestimmt, den Mann zu versorgen und die Kinder großzuziehen.«

Der Herr (real): »Vielleicht helfen diese beiden Frauen sich auch gegenseitig. Vielleicht sind beide berufstätig. Ich wüßte nicht, warum zwei Frauen oder zwei Männer das nicht auch können sollen.«

Die Frau (real): »Die wollen doch jetzt auch noch gemeinsam Kinder haben. Die Kinder können einem leid tun. Denen fehlt doch der Vater, denen fehlt doch ein Leitbild. Ich habe mich ein Leben lang für meine Familie aufgeopfert.«

Bodo: »Sind Sie traurig, daß Sie vielleicht Ihren Beruf aufgegeben haben, Ihr Leben für Ihre Familie geopfert haben?«

Die Frau antwortet nicht und schaut schweigend vor sich hin.

Etwas weiter entfernt sitzen Markus und Jan als Akteure einer weiteren *Satellitenszene* an einem Tisch vor zwei riesigen Eisbechern. Jan füttert Markus mit einem langstieligen Eislöffel.

Jan halblaut, so daß es die Nachbartische hören können: »Worüber regen die sich eigentlich auf, Schatz? Schwul, lesbisch. Das ist doch heute kein Thema mehr. Darüber regt sich doch heute keiner mehr auf.«

Markus laut: »Und ob. Du bist vielleicht naiv. Wir werden doch dauernd gemobbt. In der Schule, an der Uni, am Arbeitsplatz. Wir werden angegriffen, bespuckt, beleidigt. Auch in Berlin! Lies die Polizeiberichte. Ganz zu schweigen von der Gewalt gegen das Mahnmal für die verfolgten Lesben und Schwulen im Dritten Reich. Gegen die Stele im Tiergarten werden laufend Anschläge verübt. Es muß inzwischen von einem Sicherheitsdienst geschützt werden. Lies die Statistiken. Dann weißt du, daß Gewalt gegen Schwule in unserer Gesellschaft immer noch ein Thema ist. Wenn es keine Gewalt gegen Schwule mehr gäbe, bräuchten wir kein schwules Überfalltelefon wie Maneo mehr.«

Jan: »Das ist doch nur etwas für Insider. Frag mal hier jemanden, ob er weiß, was das schwule Überfalltelefon ist.«

Markus fragt ein Ehepaar am Nachbartisch: »Haben Sie schon mal vom schwulen Überfalltelefon gehört?«

Der Mann: »Wat für 'n Ding?«

Markus: »Vom schwulen Überfalltelefon. Da können Schwule anrufen, wenn sie Opfer schwulenfeindlicher Gewalt geworden sind.«

Der Mann: »Det wußt' ick nich. Wat et nich alles jibt.«

Markus: »Sehen Sie. Jetzt wissen Sie es. Ich habe zufällig einen Flyer dabei. Können Sie gleich Ihrem Sohn geben.« Er überreicht ihm einen Flyer.

Der Mann schaut darauf und lacht: »Unser Sohn ist normal.«

Markus: »Woher wissen Sie denn das so genau?«

Jan zu Markus: »Du kannst doch hier nicht fremde Leute anmachen.«

Die Ehefrau schaut weg.

Der Ehemann: »Macht ja nüscht. Unser Sohn hat 'ne Freundin.«

Markus: »Man kann ja nie wissen.«

Der Mann: »Da haben Sie ooch wieder recht. Na, denn noch viel Spaß.« Er steckt den Flyer ein und wendet sich wieder seiner Frau zu.

Der Herr (real) ruft zu Markus hinüber: »Sie haben völlig recht, junger Mann! Das ist noch gar nicht so lange her, daß andersartige Menschen verfolgt wurden in unserem Lande! Aber deswegen müssen sie doch nicht so auftreten wie diese beiden jungen Frauen eben. Das ist eine unnötige Provokation. Und fast verächtlich gegenüber normalen Menschen. So nach dem Motto: Mein Gott, wie seid Ihr normalen Menschen langweilig! Das fordert aggressive Reaktionen geradezu heraus.«

Markus improvisiert: »Also stillhalten wie immer. Heimlichtuerei, wollen Sie das? Das haben wir jahrelang praktiziert.«

Der Herr (real): »Sie sollten sehr vorsichtig sein mit dem, was Sie sagen.« Er steht auf und geht.

Nach und nach löst sich die Szene auf. Die Mitwirkenden zahlen und verlassen einzeln, nacheinander, das Café.

Diese Unsichtbare Theateraktion dauerte, bis die Gespräche mit den Cafégästen versickerten und bis alle Akteure nacheinander den Schauplatz verlassen hatten, ca. 45 Minuten.

Nachbesprechung

Bei der anschließenden spontanen Nachbesprechung in einem Bierlokal am Hackeschen Markt – die Schauspieler wollen sich diesmal nicht umziehen und abschminken – wird deutlich:

Für Martha und Eva, Vanessa und Olaf, Markus und Jan waren die Rollen überhaupt nicht angstbesetzt, auch nicht die beiden Rollen, die am ehesten Aggressionen hätten auf sich ziehen können, wie die Rolle der extrovertierten Sarah (Martha) oder des lesbenfeindlichen jungen Mannes, den Olaf gespielt hat. Sie fühlten sich im Café nicht gefährdet, sie erfuhren viel Zuspruch, auch wenn sie das manchmal nur an den Blicken merkten. Offene Ablehnung erlebte keine der Figuren. Es gab keine Anmache, überhaupt keine negativen Reaktionen oder Kommentare. Markus meinte, das verbiete vielleicht die *political correctness* oder weil es sich um ein Frauenpaar gehandelt hat. Agathe hat die Leute genau beobachtet und viele feindselige Blicke wahrgenommen und leise gehässige Bemerkungen gehört. Das sei nicht ihrer ›Paranoia‹ geschuldet. Die Gruppenmitglieder, die weder an der *Kernszene* noch an den *Satellitenszenen* direkt beteiligt waren und sich am Rande des Geschehens befanden, hatten Mühe, Caféhausgäste ins Gespräch zu ziehen. Auf die Frage: »Können Sie mir sagen, was da an dem Tisch mit den beiden Frauen passiert?«, hätten manche gar nicht reagiert, andere ratlos die Achseln gezuckt oder den Kopf geschüttelt. Viele Touristen hätten zwar die deutliche Bildsprache verstanden, aber nicht die Dialoge. Bodo hat Spaniern auf Nachfrage Dialogstellen übersetzt.

Bei der Nachbesprechung am nächsten Vormittag (Modul V), wieder in Agathes Wohnung, beschäftigt die Gruppe vor allem die Frage: Was nehmen die Cafégäste mit nach Hause? Daß die Weltstadt wirklich so liberal ist, wie sie sich in allen Prospekten darstellt? Oder lieferte die Szene den Beweis für die Hemmungslosigkeit von »Berlin, arm aber sexy«? Wie werden die vielen Berlin-Touristen, jung und alt, den Vorfall in Bezug setzen zur Realität, aus der sie kommen? Madrid, London, Pisa, Salamanca, Warschau, Moskau, aber auch Greifswald und Mittenwald?

Martin findet diese Unsichtbare Theateraktion zu didaktisch: »Die Informationen waren zu dick aufgetragen. Da wäre ich als Zuschauer mißtrauisch geworden.«

Bodo: »Ich habe ein anderes Problem. Das wurde mir an dieser Aktion deutlich, und es ist meiner Ansicht nach ein grundsätzliches Problem des *Unsichtbaren Theaters*: Da nehmen sich ein paar Schauspieler im Namen einer guten Sache alles Mögliche heraus, um ihr eigenes Ego zu befriedigen.«

Hedwig: »Warst du schon mal Protagonist? Nein! Wer sich nicht einbringt, macht die klugen Sprüche.«

Bodo: »Das ist unfair. Ich meine etwas anderes: Wer spielt, verliert die Distanz. Das nennt man betriebsblind.«

Markus: »Wenn man einen klaren Standpunkt hat, stellt sich diese Frage nicht.«

Hedwig: »Ihr seid eben nicht wirklich Schauspieler. Ein guter Schauspieler hat keinen Standpunkt, er kann alles und das genaue Gegenteil glaubwürdig vertreten und darstellen. Das ist die Aufgabe des Schauspielers.«

Bodo: »Ich denke ernsthaft darüber nach, ob ich nicht aussteige. Nicht, weil ich Theater nicht mag, sondern weil ich Zweifel am *Unsichtbaren Theater* habe. Ich halte mein Engagement in meiner Kirchengemeinde für offener und ehrlicher.«

Am Ende sind alle der Meinung, daß die Szene zumindest dazu beigetragen hat, die Problematik der Homo-Ehe und der Homophobie im öffentlichen Diskurs nicht in Vergessenheit geraten zu lassen. Ist das wenig? Ist das viel? Die Gruppe will die Szene später aufgreifen und auch in anderen öffentlichen ›Feldern‹ spielen, wobei sie sich weder Illusionen über mögliche Spielorte macht, noch über die Frage, wie sinnvoll es ist, die Szene in riskanten Problembezirken zu spielen oder an Orten bürgerlichen Wohlbefindens.

Als ›würdigen‹ Abschluß schlägt Markus vor, das Wochenende gemeinsam in einem schwul-lesbischen Restaurant ausklingen zu lassen, was auf allgemeine Zustimmung stößt.

Mit 66 Jahren, da fängt das Leben an!

Einige Wochen später wieder in Agathes Wohnung.

In der Einführungsrunde erzählen die Teilnehmer, was sie in der Zwischenzeit erlebt haben und wie es ihnen geht.

Nach ein paar Aufwärmübungen werden zunächst noch einmal die Protokolle und Erfahrungen der vorangegangenen Szenen besprochen. Es folgt eine Pause, und dann kann das Brainstorming für eine neue Unsichtbare Aktion beginnen.

Markus: »Was mich beschäftigt, ist die Alterspyramide, die Überalterung unserer Gesellschaft. Kann unsere Gesellschaft sich das leisten? Die Renten explodieren. Da kriegen Leute mit fünfundachtzig noch ein neues Hüftgelenk eingesetzt. Und wir finden keinen Job. In der Uni kommst du nicht mehr in die Vorlesung, weil die Senioren alle Plätze besetzen.«

Karlheinz: »Meinst du damit auch mich? Ich habe fünfunddreißig Jahre als Lehrer gearbeitet. Sollte man mich jetzt als Pensionär einschläfern wie einen alten Hund?«

Markus: »Genau diese Reaktion habe ich befürchtet. Ich spreche es aber trotzdem an, weil es ein Problem der Wohlstandsgesellschaften ist.«

Agathe: »Man kann den Leuten doch nicht zum Vorwurf machen, daß sie älter werden. Da ist der Staat gefragt, wie er damit umgeht, wie er seiner Fürsorgepflicht nachkommt. Ein neues Hüftgelenk ist immer noch billiger als eine Pflegekraft.«

Markus: »Und wir kriegen keine Jobs mehr, weil der Staat das ganze Geld für die Renten ausgibt. Und als Mann werde ich ohnehin benachteiligt. Aber das ist wieder ein anderes Thema.«

Karlheinz: »Ein Großteil ehrenamtlicher – also unbezahlter Arbeit – wird von den Alten geleistet!. Vergiß das nicht, mein lieber Markus!«

Jan: »Ich finde es gut, daß Markus das Problem angesprochen hat. Ich bin ganz persönlich davon betroffen. Mein Vater ist siebzig.«

Karlheinz: »Das ist doch kein Alter!«

Jan: »Er hat ein Alkoholproblem und fährt trotzdem Auto. Er ist absolut uneinsichtig. Wenn ich ihm sage, er soll das Auto stehen lassen und ein Taxi nehmen, sagt er, er fährt seit fünfzig Jahren unfallfrei. Und dann fährt er los, und ich schaue zu. Und ich frage mich: Was ist, wenn er jemanden totfährt? Ich würde mir ein Leben lang Vorwürfe machen. Ab welchem Zeitpunkt muß ich einschreiten? Andererseits: Ich kann doch nicht einfach hingehen und meinem Vater den Autoschlüssel wegnehmen! Das darf ich ja gar nicht. Ich müßte ihn entmündigen lassen.«

Karlheinz: »Ihr seht nur die negativen Seiten! Dreh es doch mal um: Ist das nicht wunderbar, daß dein Vater noch Auto fahren kann? Es sind doch Errungenschaften, daß wir heute länger gesund sind, daß wir noch reisen können. Und ganz abgesehen davon: Was würde unsere Gesellschaft ohne die Alten machen? An uns verdient auch die Tourismusbranche. Gönne uns doch den Spaß. Nur weil ihr Jungen benachteiligt seid, müßt ihr euch doch nicht an den Alten rächen. Wir können nichts dafür. Wir haben unser ganzes Leben gearbeitet und eure Stipendien bezahlt.«

Jan: »Du redest von denen, die mit *Nordic Walking* nach Santiago de Compostela pilgern. Aber was ist mit den Hunderttausenden, die im Kopf nicht mehr klar sind und mit neunzig noch einen Herzschrittmacher kriegen?«

Bodo: »Ich frage mich die ganze Zeit, wie kann man so eine Problematik mit *Unsichtbarem Theater* darstellen? Kann man das überhaupt?«

Karlheinz: »Also ich würde, wenn überhaupt, die optimistische Seite des Alterns zeigen.«

Agathe: »So einfach sollten wir es uns nicht machen. Ich will keine Werbeveranstaltung für eine Kaffeefahrt unterstützen!«

Da sich die Berliner Gruppe inzwischen gut kennt, auch schon eingespielt ist, und die letzte Unsichtbare Theateraktion noch nicht lange zurückliegt, beginnt sie gleich mit der gemeinsamen szenischen Improvisation zum Thema »die optimistische Seite des Alterns«.

Die neue Unsichtbare Aktion, die die Gruppe nach dem beschriebenen Ablaufschema wiederum an zwei Probentagen erarbeitete, hieß: *Mit 66 Jahren, da fängt das Leben an!* Exemplarisch beschriebene Aspekte dieser Szene sind vor allem die Wiederholung der Aktion an unterschiedlichen Spielorten in unterschiedlicher Besetzung und die Auswertung der daraus resultierenden Ergebnisse und Erfahrungen.

Die Aufführung Mit 66 Jahren, da fängt das Leben an! Als Spielort wählt die Gruppe das Café *Einstein*, ein großräumiges Caféhaus im Wiener Stil in der Kurfürstenstraße in Berlin. An den Wänden hohe Spiegel, ideal, denn die Szene ›verdoppelt‹, ›verdreifacht‹, ›vervierfacht‹ sich und ist von allen Seiten gut einsehbar.

Protagonistin ist die lebensfrohe Frau Richard (Agathe), Antagonist ist ihr fürsorglicher Sohn Wolfgang, gespielt von Jan. Ich habe mich als Workshopleiter, wie die anderen aus der Gruppe, unter die Caféhausgäste gemischt, sitze an einem von der *Kernszene* etwas entfernten Tisch und beobachte den ›Vorfall‹.

Einige Tische sind auch von unseren ›unsichtbaren Schauspielern‹ besetzt. Martin, der als Platzhalter für die Protagonistin fungiert, sitzt mit dem Rücken zur Wand an einem kleinen Vierertisch, unter einem hohen Spiegel. Er hat soeben einen Espresso getrunken, Zeitung gelesen und, wie abgesprochen, schon bezahlt, damit er aufbrechen kann, wenn unsere Protagonistin, Frau Richard (Agathe), im Café eintrifft. Wenn sie das Café betritt und ihren Blick auf der Suche nach einem Tisch über die Gäste schweifen läßt, steht Martin auf.

Frau Richard ist elegant gekleidet: Sie trägt einen hellgrünen Hosenanzug, weiße Pumps. Die Farben suggerieren Frühling, Optimismus. Ein lachsfarbenes Seidentop, eine weiße Perlenkette, große Perlenohrringe. Sie ist dezent geschminkt. Sie kommt in Begleitung ihres Sohnes Wolfgang (Jan). Er trägt ein ausgewaschenes graues T-Shirt, ausgefranste Jeans, dazu Sandalen an den nackten Füßen. Auf den ersten Blick würde man nicht denken, daß die beiden zusammengehören.

Frau Richard geht strahlend zum Tisch, nimmt auf dem Sofa Platz, mit dem Rücken zu Wand und Spiegel. Ihr Sohn setzt sich seitlich neben sie auf einen Thonet-Stuhl. Er studiert die Getränkekarte. Da der Platzhalter (Martin) die Szene auch miterleben will und als *Security* zur Verfügung stehen soll, sieht er ›zufällig‹ an einem weiter entfernten Tisch in der Nähe des Ausgangs einen Bekannten (Olaf) sitzen, begrüßt ihn mit Handschlag und setzt sich zu ihm. Diese Aktion registrieren nur die anderen unsichtbaren Schauspieler.

Frau Richard winkt nach einem Kellner, sagt halblaut zu ihrem Sohn: »Ich weiß schon, was ich will.«

Die Kellner, alle mit Fliege und schwarzer Seidenweste, ignorieren Frau Richard. Dies gibt ihr jedoch Gelegenheit, noch theatralischer auf sich aufmerksam zu machen. Sie winkt weiter und ruft mehrmals halblaut: »Huhu, Herr Ober!«

Einige Gäste drehen sich um, weil sie sich offenbar gestört fühlen.

Wolfgang (Jan): »Mama, jetzt sei doch nicht so ungeduldig. Der Kellner wird gleich die Bestellung aufnehmen. Du bist doch hier nicht der einzige Gast.«

Frau Richard (Agathe): »Ich habe Durst! Herr Ober!«

Schließlich nimmt ein Kellner herablassend die Bestellung auf.

Frau Richard: »Champagner bitte.«

Wolfgang: »Mama, bitte!«

Kellner: »Zwei Gläser?«

Frau Richard: »Mein Sohn trinkt nicht. Eine Flasche bitte, mit einem Glas.«

Wolfgang: »Mama, das kommt überhaupt nicht in Frage. Du kannst doch nicht eine ganze Flasche Champagner trinken!«

Frau Richard: »Und ob ich das kann!«

Wolfgang: »Am hellichten Tag ...«

Frau Richard: »Warum nicht?«

Wolfgang: »Vor all den Leuten. Das ist doch peinlich.«

Frau Richard: »Mir nicht. Ich habe nichts zu verbergen.«

Der Kellner reagiert irritiert: »Soll ich nun eine Flasche Champagner bringen, oder wollen Sie es sich noch einmal überlegen?«

Wolfgang: »Zwei Mineralwasser bitte! Mit Kohlensäure!«

Frau Richard: »Ich will kein Mineralwasser! Ich will Champagner.«

Der Kellner: »Können Sie sich bitte entscheiden. Ich habe noch andere Gäste zu bedienen.«

Wolfgang: »Bitte, kommen Sie später noch einmal!«

Der Kellner geht.

Frau Richard ruft ihm nach: »Sie bringen mir bitte eine Flasche Champagner. Ich habe eine Flasche Champagner bestellt, und die bringen Sie mir jetzt, bitte, ja!?«

Wolfgang: »Mama, bitte nicht so laut! Die Leute schauen ja schon! Du bist jetzt still!«

Frau Richard erregt sich: »Wie redest du eigentlich mit deiner Mutter! Ich habe Champagner bestellt, und der Kellner hat meine Bestellung anzunehmen. Und du hast dich da nicht einzumischen.«

Wolfgang zischt halblaut aber gut vernehmbar: »Doch, Mama, ich muß mich einmischen. Ich trage Verantwortung für dich!«

Frau Richard: »Ich bin doch nicht dein Kind. Ich bin eine erwachsene Frau.«

Wolfgang: »Du weißt genau, daß du nicht so viel trinken sollst. Und noch dazu so früh am Tag!«

Frau Richard steht auf, läuft dem Kellner hinterher, gibt halblaut, aber so, daß viele es hören, ihre Bestellung auf. Dann kommt sie lächelnd an den Tisch zurück.

Frau Richard: »So, damit der Frieden wiederhergestellt ist. Ich habe umbestellt. Zwei Mineralwasser. Und dazu habe ich zwei Gläser Champagner bestellt. Eins für mich und eins für dich. Damit du dich entspannst. Du mußt gelassener werden, Wolfilein.«

Wolfgang flüstert laut: »Aber Mama, ich trinke keinen Alkohol. Und hör auf, mich immer Wolfilein zu nennen. Ich bin doch kein Dreijähriger.«

Frau Richard: »Deswegen bist du ja auch so, wie du bist.«

Wolfgang: »Mama, ich mache mir Sorgen um dich!«

Frau Richard: »Um mich mußt du dir keine Sorgen machen. Mir geht es gut.«

Frau Richard steht auf, tritt neben den Tisch und macht mit ausgestreckten Armen Kniebeugen: »Schau, was ich noch alles kann. Eins … zwei … drei …«

Wolfgang zischt laut: »Mama, bitte setz dich wieder hin. Die Leute schauen schon her. Du bist ja schon wieder angetrunken. Du hast schon zu Hause getrunken.«

Frau Richard breitet die Arme aus, posaunt hinaus: »Ja, ich beginne den Tag mit Champagner. Das hebt die Stimmung. Ich bin gut gelaunt. Das Wetter ist schön. Die Sonne lacht. Warum soll ich Trübsal blasen?! Wie all die Leute hier. Schau sie dir an, wie sie dasitzen.«

Wolfgang: »Mama, du bist jetzt still und beleidigst nicht noch andere Menschen!«

Frau Richard setzt sich wieder. Der Kellner bringt die Bestellung. Zwei Mineralwasser und zwei Gläser Champagner.

Frau Richard: »Ich danke Ihnen, Herr Ober! Sie sind ein Schatz! Ich erhebe das Glas auf meinen Sohn.« Sie steht wieder auf.

Wolfgang: »Das ist das letzte Glas. Ein für allemal.«

Frau Richard trinkt im Stehen: »Nein, mein Sohn, das ist mit Sicherheit nicht mein letztes Glas. Ich gedenke noch lange zu leben!«

Wolfgang: »Mama, bitte, setz dich! Ich habe gesagt, du sollst dich hinsetzen.«

Frau Richard fragt in die Runde: »Habe ich nicht einen wunderbaren Sohn? Er macht sich solche Sorgen um mich!«

Frau Richard fragt eine ältere Dame, die zu einem Damenkränzchen am Nebentisch gehört (real): »Haben Sie auch Kinder, die sich so lieb um Sie kümmern?«

Die Damen sehen pikiert weg und stecken die Köpfe zusammen.

Wolfgang steht auf, bittet seine Mutter sehr laut, die anderen Leute in Ruhe zu lassen und sich wieder hinzusetzen: »Wenn du jetzt nicht sofort aufhörst, gehe ich!«

Frau Richard: »Dann geh doch. Ich langweile mich nicht!«

Wolfgang: »Das war das letzte Mal, daß ich mit dir ausgehe!«

Frau Richard lacht laut auf: »Das macht nichts. Du gehst doch sowieso nur alle halbe Jahr mit mir aus. Wenn überhaupt.«

Frau Richard stellt ihr Glas ab: »Entschuldige mich bitte. Ich muß mal eben verschwinden.«

Die Kellner beobachten die Szene mit gespannter Aufmerksamkeit. Der Oberkellner, ein junger Mann im Smoking, kommt zu Wolfgang an den Tisch.

Oberkellner: »Wenn wir Ihnen ein Taxi rufen sollen, geben Sie bitte Bescheid. Aber ich möchte Sie doch bitten, sich um die Dame zu kümmern, damit die anderen Gäste sich nicht gestört fühlen.«

Der Kellner, der Frau Richard und ihren Sohn bedient hat, legt ihm die Rechnung hin. Wolfgang bezahlt.

Frau Richards Gang zur Toilette ist das Startzeichen für die erste *Satellitenszene*, das Signal für den Herrn mittleren Alters (Bodo), der zwei Tische weiter sitzt. Er beugt sich herüber und erteilt vollmundig Ratschläge: »Ihre Frau Mutter braucht Hilfe!«

Wolfgang, aggressiv: »Das weiß ich selbst!«

Herr mittleren Alters (Bodo): »Ich weiß, wovon ich rede. Der zunehmende Altersalkoholismus ist ein verschwiegenes und nicht zu unterschätzendes Problem unserer Gesellschaft, vor allem bei Frauen!«

Wolfgang: »Ja, ja, das weiß ich auch.«

Herr mittleren Alters: »Und man weiß auch, daß mehr Frauen als Männer pflegebedürftig werden.«

Wolfgang: »Danke.«

Herr mittleren Alters: »Meine Mutter hatte auch ein Alkoholproblem. Wir mußten sie schließlich in ein Heim geben. Ich kenne da gute Adressen.«

Wolfgang: »Danke für den Ratschlag. Ich weiß schon selbst, was ich zu tun habe.«

Herr mittleren Alters: »Sie hätten sich nicht darauf einlassen dürfen, daß sie ihren Sekt bekommt. So machen Sie sich mitverantwortlich und werden zum Co-Alkoholiker.«

Wolfgang fährt ihn an: »Das geht Sie überhaupt nichts an.«

Herr mittleren Alters: »Sie müssen einschreiten! Ich meine es ja nur gut. Hinterher heißt es dann wieder, alle schauen weg. Sagt man etwas, ist es auch nicht recht.« In die Runde: »Oder? Ist es nicht so?«

Die älteren Damen am Nachbartisch nicken betreten, bezahlen und stehen auf. Herr mittleren Alters zu den Damen: »Warum gehen Sie denn jetzt?«

Eine der älteren Damen: »Wir wollten ohnehin gehen.«

Frau Richard kommt leicht unsicheren Schrittes, aber strahlend von der Toilette zurück: »Was schauen denn alle hier so griesgrämig?« Bietet einer der älteren Damen ihr Glas an. »Kommen Sie, trinken Sie mit mir. Das Leben ist schön.«

Die ältere Dame (real) lehnt resolut ab: »Sie sollten sich etwas mehr beherrschen.«

Frau Richard singt: »Mit 66 Jahren, da fängt das Leben an! Mit 66 Jahren, da fängt das Leben an.«

Herr mittleren Alters (Bodo) schaltet sich wieder ein: »Junger Mann, ich sage Ihnen, Ihre Frau Mutter ist krank, sie gehört in ein Pflegeheim!«

Dies ist das Stichwort für Frau Richard, ihren einstudierten Monolog, stehend, mit dem Sektglas in der Hand, laut vorzutragen: »Was haben Sie da gesagt? Ich soll in ein Pflegeheim? Wegsperren wollen Sie mich? Entmündigen wollen Sie mich? Weil ich Sie belästige, ja? Ich bin ja schon viel zu lange auf der Welt. Ich soll bald sterben. Das hätten Sie wohl gerne. Ja, ja! Ich gehöre zur Generation der ›Rentnerschwemme‹. Wir leben zu lange. Dank der Apparatemedizin. Ich habe vier Operationen überlebt, dazu ein neues Knie, zwei neue Hüftgelenke. Wir kosten den Staat zu viel Geld, nicht wahr? Ich bin eine ›Sozialschmarotzerin‹. Ich belaste den Staatshaushalt. Ich weiß, ich weiß! Ich habe vierzig Jahre eingezahlt. Jetzt wird geerntet! Jawohl!« Sie nimmt einen größeren Schluck.

Sie sucht gezielt den Blick einzelner Cafégäste. Die meisten wenden den Blick ab, schauen betreten weg.

Frau Richard fährt fort: »Mein Mann ist vor einem Jahr gestorben. Ich habe ihn mehrere Jahre gepflegt. Jetzt lebe ich von der Witwenpension. Ich habe mich ein Leben lang beherrscht. Ich habe mir nie etwas gegönnt. Jetzt wird gelebt! Jeden Tag! Ich leiste mir jeden Tag etwas Schönes. Ich trinke, ich gehe ins Café, ins Kino, ich verreise. Und dann wird irgendwann der Schalter umgelegt.«

Es ist plötzlich ganz still im Café, die Gäste lauschen Frau Richard wie bei einer Theateraufführung. Ich, der ich etwas weiter weg sitze, befürchte, die Szene könnte jeden Moment auffliegen.

Der Oberkellner tritt auf Frau Richard zu, sichtlich bewegt: »Verzeihen Sie, gnädige Frau, darf ich Ihnen noch etwas zu trinken anbieten?«

Frau Richard strahlt ihn an: »Vielen Dank, junger Mann. Sie müssen sich keine Mühe geben. Ich bin kein Kind von Traurigkeit. Auf Wiedersehen. Komm, Wolfgang, wir gehen. Bring deine Mutter nach Hause.« Frau Richard schreitet würdevoll aus dem Café.

Wolfgang zum Oberkellner und zu den Gästen: »Entschuldigen Sie bitte. Mir ist das alles sehr peinlich.« Dann eilt er seiner Mutter hinterher.

Jetzt kommen die Akteure weiterer *Satellitenszenen* zum Zug. Hedwig, in einem farbenfrohen Sommerkleid, unterstützt Frau Richard. Sie sitzt etwa drei Meter von der *Kernszene* entfernt allein am Tisch mit einem Cocktail vor sich und wendet sich an zwei Frauen mittleren Alters (real) am Nachbartisch: »Tut Ihnen diese Frau nicht auch leid? Ich hätte sie am liebsten in den Arm genommen.« Die Frauen reagieren nicht, unterhalten sich weiter.

Die Dame im Sommerkleid (Hedwig) hakt nach: »Die sollen doch diese Dame in Ruhe lassen. Mein Gott, die tut doch keinem was! Die will ihr Leben genießen!«

Eine der Frauen vom Nachbartisch, sie trägt einen Hut, dreht sich zu Hedwig: »Das glaube ich nicht! Haben Sie sich die Frau nicht angeschaut? Die ist todunglücklich! Sonst würde sie doch nicht so viel trinken.«

Die Dame im Sommerkleid, freundlich: »Man kann aber doch auch trinken, weil es einem Spaß macht und weil es einem gutgeht.«

Die Frau mit Hut, angewidert: »Das glaube ich nicht. Den Menschen müssen Sie mir erst mal zeigen, der trinkt, weil er glücklich ist.«

Dame im Sommerkleid: »Nehmen Sie mich. Ich zum Beispiel trinke gerne Cocktails. Ich bin keine Alkoholikerin. Ich bin mit meinem Leben voll und ganz zufrieden.«

Frau mit Hut: »Die Dame da drüben war ja auch ziemlich angetrunken. Wer so viel in sich hineinkippt, ich weiß nicht, da stimmt was nicht.« Sie wendet sich wieder ihren Freunden und Bekannten zu, die weiter in ihr eigenes Gespräch vertieft sind.

Dame im Sommerkleid (Hedwig) läßt nicht locker: »Und wie sehen Ihre Freunde und Bekannten das?«

Einer der Männer: »Mich interessiert das nicht. Jeder soll nach seiner Fasson glücklich werden. Wenn es ihr gutgeht! Soll sie doch. Die ist doch jenseits von Gut und Böse, die tut doch keinem was. Solange sie niemanden gefährdet.«

Frau mit Hut: »Na, und wenn sie vor ein Auto läuft?!«

Mann: »Den Schaden am Auto übernimmt die Versicherung.«

Frau mit Hut: »Herrmann! Wenn der Frau was zustößt!«

Mann: »Sieh das doch realistisch.«

Dame im Sommerkleid zur Frau mit Hut: »Was würden Sie machen, um der Frau zu helfen?«

Frau mit Hut: »Ich fürchte, da kann man nichts machen. Noch dazu in dem Alter. Mein Mann hat schon recht.«

Da das Gespräch zunächst beendet scheint, die *Satellitenszene* stagniert – was die anderen Akteure wachsamen Auges und Ohres registrieren –, beginnt die nächste *Satellitenszene*. Martha und Markus, die ein junges Paar spielen und weiter weg in der Nähe des Caféausgangs sitzen, fragen Eis essende junge Leute am Nachbartisch, was denn los sei, ob sie wüßten oder mitbekommen hätten, was da hinten passiert sei. Die jungen Leute sind aber offenbar Touristen. Ein junger Mann lachend mit einer entsprechenden Handbewegung: »Maybe, a crazy old lady.«

Martha: »How do you know that?«

Der junge Mann zuckt die Schultern: »I don't know.«

Martha: »But how can you say that she is crazy?«

Der junge Mann lacht: »I don't know.«

Martha: »Your judgement is dangerous, isn't it?«

Der junge Mann lacht nicht mehr, er antwortet trocken: »Maybe, I don't know.« Er dreht sich weg.

Martha und Markus unternehmen keinen weiteren Versuch, ein Gespräch aufzunehmen.

Da die alten Damen gegangen sind, spricht der Herr mittleren Alters (Bodo) rücksichtslos über mehrere Tische hinweg die Dame im Sommerkleid (Hedwig) an: »Ich habe genau mitbekommen, daß Sie auf der Seite dieser alkoholisierten Dame stehen. Na ja! Ich möchte nicht in der Haut des jungen Mannes stecken. Was der alles auszubaden hat.«

Dame im Sommerkleid: »Nun übertreiben Sie mal nicht.«

Herr mittleren Alters (Bodo): »Man muß doch auch an die Angehörigen denken. Die werden immer alleingelassen. Die machen sich Sorgen, wissen nicht, wie sie sich verhalten sollen, was sie tun sollen. Und am Ende stehen sie noch schlecht da, dann sind sie auch noch die Bösen.«

Ehe Hedwig reagieren kann, ergreift eine junge Frau (real), die mit ihrer Freundin an einem Tisch zwischen Agathe und Bodo sitzt, das Wort: »Ich fand diese Frau toll. Die soll ihr Leben in vollen Zügen genießen. Ich wünschte, ich könnte das!«

Jetzt schaltet sich auch die Frau mit Hut wieder ein, die über den Zynismus ihre Mannes so entsetzt war: »Das ist doch alles nur Fassade. Ich möchte nicht wissen, wie die morgen früh aufwacht. Da liegt sie heulend im Bett. Ich möchte mit der nicht tauschen.«

Herr mittleren Alters: »Und das ganze Elend kriegen die Angehörigen tagtäglich mit.«

Frau mit Hut: »Der Sohn scheint sich ja gar nicht um sie zu kümmern.«

Herr mittleren Alters: »Deshalb muß sie in einem Heim untergebracht werden, um die Angehörigen zu entlasten.«

Frau mit Hut: »Und wir müssen es bezahlen.«

Herr mittleren Alters: »Das sind wir unserer Solidargemeinschaft schuldig.«

Die Frau mit Hut erregt sich: »Die soll das gefälligst selbst bezahlen. Wer Champagner trinkt und so mit dem Geld um sich wirft, der kann sich auch einen Heimplatz leisten.«

Da sich diese *Satellitenszene* immer mehr im Kreis zu drehen und immer mehr Eigendynamik zu entwickeln scheint, schweigt der Herr mittleren Alters (Bodo). Er will auch sehen, wie die Frau (real) das ›Kommunikationsloch‹ überbrückt, wie sie sich im weiteren Verlauf verhält. Sie schweigt ebenfalls und wendet sich wieder dem Gespräch an ihrem Tisch zu.

Karlheinz spricht, wieder über mehrere Tische hinweg, als Sympathisant von Frau Richard den Herrn mittleren Alters (Bodo) an: »Ach wissen Sie. Man muß doch nicht immer gleich schwarzmalen. Unterbringung in einem Heim und so weiter. Ich sehe das so wie die junge Frau.« Er versucht damit, die junge Frau, die Frau Richard »toll« findet, wieder ins Gespräch zu ziehen.

Karlheinz: »Und wer weiß, vielleicht ist die Frau ja verliebt und schwebt auf Wolke neun.«

Die junge Frau (real) reagiert: »Genau. Das wünsche ich ihr!«

Die Frau mit Hut (real) schaltet sich wieder ins Gespräch ein: »Wenn man so mit dem Geld um sich schmeißt, beißt sicher irgendein Heiratsschwindler an. Das geht nicht gut. Auf Lachen folgt Weinen.«

Die Dame im Sommerkleid (Hedwig) philosophiert bewußt gestelzt und halblaut vor sich hin: »Die einen leben in den Tag hinein, denken nicht ans Morgen, die anderen hindert gerade im Alter das Wissen der Endlichkeit am Glücklichsein, wieder andere reden sich ein, glücklich zu sein. Woher wollen wir wissen, was wirklich mit ihr los ist? Wer weiß, wieviel Zeit sie noch hat!«

Martha, die mit ihrem Freund (Markus) an dem Tisch in der Nähe des Ausgangs sitzt, ruft ihr zu, halb einstudiert, halb frei improvisiert: »Was sind denn das für Sprüche! Habt ihr das gehört? Mein Gott, das Leben findet täglich statt, im Hier und Jetzt!« Sie fragt die Frau mit Hut: »Was machen *Sie* denn mit Ihrem Geld?«

Frau mit Hut: »Ich halte mein Geld zusammen! Ich schmeiße es nicht zum Fenster raus!«

Martha: »Und was haben Sie davon? Wenn es auf der Bank liegt? Oder wenn Sie morgen tot umfallen?«

Frau mit Hut: »Das habe ich alles notariell geregelt. Das Geld bekommen meine Kinder und Enkel. Die haben es heute schwer genug. Damit können sie einen Teil ihres Studiums finanzieren.«

Die Diskussion dreht sich nun nicht mehr um Alkoholabhängigkeit, Verhalten in der Öffentlichkeit und wie mit dieser Problematik verantwortungsbewußt umzugehen ist, sondern um das Alter an sich, Freud und Leid des Alters und des Alterns.

Auch die realen Cafégäste, die nicht mitdiskutieren, scheinen der (aus ihrer Perspektive realen) Auseinandersetzung sehr aufmerksam zu folgen. Viel mehr Sichtbares und Unüberhörbares war nicht mehr passiert, es finden aber Gespräche zwischen den unsichtbaren Schauspielern und Cafégästen statt.

Erste Nachbesprechung

In einem nahegelegenen Café hat Markus im ersten Stock einen langen Tisch reserviert. Hier soll die ›Entlastung‹ der Schauspieler, das ›Entrollen‹, die Rückkehr in die Normalität des Alltags, die erste Nachbesprechung stattfinden.

Nachdem alle Akteure eingetroffen sind, bestellt Agathe eine Flasche Sekt für alle. Jan hat sich auf der Toilette umgezogen, trägt jetzt ein Jeanshemd. Er sitzt ausgelassen neben Agathe, stößt mit ihr an und trinkt das erste Glas Sekt in einem Zug.

Jan: »Ich brauche das jetzt.«

Agathe: »Es geht mir zwar total gut, auch in meinem schicken Outfit, in dem ich mich sehr wohl fühle, aber mich beschäftigt die Frage: War das jetzt viel oder war das wenig, was wir erreicht haben?«

Bodo: »Ist Agathe nicht zu weit gegangen? Sie hat einer fremden Frau ihr Glas angeboten. Das hatten wir nicht geübt. Andererseits haben wir ja immer gesagt: Man muß die Grenzen des anderen respektieren. Jeder Mensch hat einen Distanzraum, den man nicht überschreiten darf.«

Agathe: »Das ist in meiner Rolle ganz spontan passiert. Ich habe in dem Moment nicht gedacht. Verrückt, ja, du hast recht. Aber ich würde das ja nicht bei jedem machen. Man weiß doch wohl intuitiv, wann man so etwas machen darf und wann nicht.«

Martin: »Du hast schon recht, man soll seinem Gefühl vertrauen. Aber für mich persönlich war das schon etwas grenzwertig. Ich dachte mir, wenn die alte Dame hinstürzt und sich verletzt. Du warst ja ziemlich burschikos in deiner Art.

Und dann dachte ich, jetzt werden dich die Kellner gleich rausschmeißen.«

Agathe: »Die sind in dem Café ziemlich diskret. Ich kenne das Café.«

Jan: »Ich habe mich plötzlich gefragt: Und wenn jemand kommt, der mich kennt? Der meine reale Mutter kennt? Was mache ich dann?«

Ich kann Jan beruhigen: »Ich habe so eine Situation zweimal erlebt. Einmal ist es dem Protagonisten gelungen, seinen Bekannten zu täuschen und in die Szene einzubinden; das andere Mal hat die Bekannte eines unserer Gruppenmitglieder mitbekommen, daß etwas nicht stimmt, und sich einfach zurückgehalten, und der Protagonist hat sich zum Glück nicht aus der Ruhe bringen lassen. Und wenn tatsächlich eine Szene auffliegt, läßt sich das auch nicht ändern. Dann war's das halt, und man muß mit den Reaktionen entsprechend umgehen, improvisieren, sagen, es handelt sich um ein soziologisches Forschungsprojekt oder ähnliches.«

Hedwig, die als letzte im Café eingetroffen ist: »Also, ich möchte aus meiner Rolle berichten. Ich hatte beim Hinausgehen noch ein richtig gutes Gespräch. Da sprach mich im Vestibül vom *Einstein* eine ältere Dame an. Sie war sichtlich bewegt. Sie sagte ungefähr: ›Jedes Wort von Ihnen hat mir zu denken gegeben. Gerade der Satz: Wer weiß, wieviel Zeit sie noch hat.‹ Sie selbst würde sich niemals in ein Gespräch einmischen. Das sei wohl eine Generationsfrage. Sie hat sich auch gewundert, daß die Mutter sich so danebenbenommen hat. Aber Alkoholiker seien nun mal so. Da schäme man sich doch, wenn eine bessere Dame in so einem gediegenen Café derart die ›Contenance‹ verliert. Ich habe sie gefragt, ob sie einen ähnlichen Fall in ihrem Bekanntenkreis kennt. Nein, sagte sie. Ich habe sie dann gefragt, ob sie allein lebt oder Familie hat.

Sie lebt allein in Berlin. Sie hat aber Freundinnen. Sie hat ein Abo für die Philharmonie und für das Renaissance-Theater. Der Vorfall habe ihr bestätigt, wie wichtig Freundschaften und Kulturereignisse sind und wie tief man fallen könne. Ich habe dann gesagt: ›Die Dame sah doch recht gepflegt aus. Und gut gelaunt. Und ihr Sohn war auch dabei.‹ Sie meinte, die Dame sei wohl sehr einsam. Der Sohn habe ziemlich verwahrlost ausgesehen. So einen Sohn möchte sie nicht haben.«

Hedwig fährt fort: »Wir sind dann noch gemeinsam bis zur U-Bahn-Station Nollendorfplatz gegangen und haben noch über alles mögliche geredet, sie hat mir erzählt, daß sie oft zu Volkshochschulvorträgen geht. Ob ich denn nicht Lust hätte, mal mitzukommen. Dann könnte man ja hinterher noch ein Sektchen trinken. Sie hat mir ihre Telefonnummer gegeben. Das ist mir zum erstenmal passiert. Meine Frage ist, sollen wir uns auf so ein Angebot einlassen?«

Ich warne die Teilnehmer, auf unseriöse Angebote sollten sie sich auf keinen Fall einlassen, auch nicht mit in eine fremde Wohnung gehen. Man sollte auch nicht die eigene Telefonnummer herausgeben. Unmittelbar nach einer Szene sind die Schauspieler oft wie beschwipst. Das ist riskant. Man sollte warten, bis man wieder einen klaren Kopf hat. Aber das müsse man immer im Einzelfall abwägen.

Martin berichtet, daß er beim Hinausgehen den Oberkellner angesprochen hat: »Ich habe ihm gesagt, wie schön ich es fand, daß er die Dame zu einem Sekt einladen wollte. Er hat gelächelt, aber nichts gesagt. Ich hatte das Bedürfnis, ihm das zu sagen. Vielleicht bestärkt ihn das.«

Bodo, der den Herrn mittleren Alters gespielt hat: »Spannend fand ich die Frau mit dem Hut, die mit ihrem Mann und einem anderen Ehepaar am Nachbartisch saß. Die hat sich, ohne daß man sie direkt ansprechen mußte, eingemischt in das Gespräch. Und zwar mehrmals. Erst hat sie sich an Hedwig gewendet. Und dann habe ich nachgehakt. Und dann hat sie sich mit einer anderen jungen Frau unterhalten, ohne daß wir etwas dazutun mußten.«

Hedwig: »Genau. Diese junge Frau saß wie auf Kohlen. Ich habe gemerkt, der ist das Thema nicht fremd. Sie hat sich voll und ganz mit Frau Richard solidarisiert. Ich habe immer gedacht: Die springt gleich auf und geht auf den Sohn los. Ich hätte gerne noch mit ihr gesprochen. Aber das ging irgendwie nicht. Sie hat ihr Statement losgelassen, war aber selbst nicht ansprechbar. Merkwürdig. Ich bin nicht an sie herangekommen. Dann hat ja auch die ältere Dame die Initiative ergriffen und mich angesprochen.«

Jan ist froh, die Szene hinter sich zu haben. »Es ist mir schwergefallen, mich so autoritär zu geben. Das stand im Widerspruch zu meiner Verkleidung, den Sandalen, den Jeans, dem T-Shirt. Es wäre mir vielleicht leichter gefallen, wenn ich mir selbst nicht zu ähnlich gewesen wäre, wenn ich einen Anzugtypen gespielt hätte, wo deutlich wird, daß ihm die Mutter eine Last ist.«

Markus: »Das ging mir genauso. Du hast deine Sache gut gemacht, aber ich habe dem Sohn sein Verhalten nicht wirklich abgenommen. Der sah doch eher wie ein *Softy* aus.«

Agathe: »Aber gerade das hat es doch so spannend gemacht. Daß so ein linker Freak so autoritär sein kann. Ich finde, das kam gut rüber.«

Markus: »Das ist für mich um drei Ecken gedacht. Ich habe immer gedacht, solche Aktionen müssen plakativer sein.«

Martin: »Dann sind wir wieder bei den Klischees und Stereotypen, die du immer kritisiert. Wenn es komplizierter ist, ist es dir auch nicht recht. Die Leute sind nicht so eindimensional.«

Agathe: »Habt ihr beiden ein Problem miteinander?«

Martin: »Überhaupt nicht. Markus hat immer etwas auszusetzen.«

Markus: »Ich bin nun mal ein kritischer Geist, Herr Polizist!«

Ich unterbreche die beiden in ihrem Disput: »Zwei Dinge muß ich dazu sagen. Erstens: In einer so angespannten, auch stressigen Situation wie der Aktion draußen in der Realität können auch Spannungen zwischen den Akteuren auftreten, sogar schwelende Konflikte ausbrechen oder aufbrechen. Die dürfen allerdings nicht in der Szene ausgetragen werden. Private Konflikte können wir in unserer Theaterarbeit nicht brauchen, wir sind keine Selbsterfahrungsgruppe. Aber Probleme dürfen natürlich auch nicht ignoriert werden. Deswegen machen wir vor jeder Workshopsitzung auch eine Blitzlichtrunde.«

Markus wirft etwas süffisant ein: »Das Unsichtbare sichtbar machen ...«

Ich gebe ihm recht: »So ist es. Wenn wir das ignorieren, brauchen wir kein *Unsichtbares Theater* zu machen. Nur muß man es zur gegebenen Zeit und am gegebenen Ort bearbeiten. Das Zweite, was ich sagen wollte: Markus hat einen sehr wichtigen Punkt angesprochen: das Verhältnis von Rolle und Kostüm. Wenn wir die Szene noch einmal spielen, könnte der Sohn Wolfgang ein anderes Outfit tragen. Also so, wie Markus es vorgeschlagen hat: mit Anzug, teuren Schuhen. Würde das sein Verhalten verändern? Würde er sich anders hinsetzen, anders sprechen? Wie würden die Cafégäste ihn wahrnehmen?"

Markus: »Das würde ich gerne ausprobieren!«

Ich frage jeden einzelnen Akteur, zunächst die Protagonisten der *Kernszene*, dann die der *Satellitenszene*, ob sie die

Szene wiederholen wollen. Agathe ist begeistert. Wichtig für ein zweites Mal ist, ob Jan sich vorstellen kann, die Rolle mit Markus zu tauschen. Jan und die anderen sind einverstanden und wollen den zweiten Versuch wagen, der am nächsten Tag stattfinden soll.

Erste Wiederholung
Am Tag darauf, nach einer Körperaufwärmübung und dem anschließenden Blitzlicht, wird *Mit 66 Jahren, da fängt das Leben an!* in der neuen Besetzung und dem neuen Outfit geprobt. Markus spielt jetzt Wolfgang in der *Kernszene*, Jan den Part von Markus in der *Satellitenszene*.

Die Wiederholung der Szene fand am Nachmittag im Café *November* in Berlin-Prenzlauer Berg statt.

Auf den Tischen Kerzen, die der einzige Kellner – in Jeans und T-Shirt, offenbar ein jobbender Student – anzündet, als Frau Richard und ihr Sohn Wolfgang (Markus) Platz nehmen. Frau Richard kommt aber nicht dazu, gleich ihre Bestellung aufzugeben, weil der Kellner sofort wieder verschwindet und an weiter weg gelegenen Tischen Geschirr abräumt. Ihre Rufe »Hallo, Herr Ober« und »Huhu« gehen im hohen Lärmpegel unter, sie wirken wohl altmodisch deplaziert auf ein Publikum, das überwiegend aus Müttern mit Kinderwagen und fröhlich kreischenden und herumtollenden Kindern sowie aus Studierenden besteht, die sich offenbar zur Ausarbeitung ihres Gruppenreferats treffen. Frau Richard ist hier der einzige Gast gesetzten Alters. Niemand nimmt Anstoß daran, als sie schließlich aufsteht und zum Tresen geht, um laut ihre Bestellung aufzugeben und ihr Sohn Wolfgang ihr gestikulierend hinterherherläuft, um sie zum Tisch zurückzuholen.

Es dauert noch mal lange, bis der Kellner zwei Gläser Sekt unsicher an ihren Tisch heranbalanciert. Als Frau Richard sagt: »Sie sind ein Schatz«, strahlt er sie an.

Frau Richard gelingt es nicht, ihn in ein Gespräch zu verwickeln, weil er sofort wieder weg ist. Als sie ihre Kniebeugen macht, versuchen die Kinder, die um sie herumhüpfen, sie nachzumachen. Die Statements von Bodo (Herr mittleren Alters), Stichwort ›Fürsorgepflicht‹, und von Hedwig (Dame mit Cocktail), Stichwort ›Solidarität in der Genußfreude‹, werden von keinem der Gäste kommentiert. Als Frau Richard ihren Monolog hält, stehen Kinder um sie herum und staunen mit großen Augen, ein kleiner Junge nimmt ihre Hand. Wie Agathe später in der Feedback-Runde berichtet, war sie so gerührt, daß sie kaum weiterspielen konnte. Aber auch ihr Monolog wird nur in unmittelbarer Nähe gehört. Das junge Paar, Martha, diesmal mit Jan als Freund, hat Schwierigkeiten, Gäste in ein Gespräch zu ziehen, sie sind wohl alle mit sich selbst und ihren Kindern beschäftigt. Martha meinte später, das Thema habe sie wohl kaltgelassen. Wie die anderen Akteurinnen und Akteure gewinnen auch Jan und Martha in ihren Rollen immer mehr Sicherheit, vielleicht weil sie ignoriert werden. Eine szenische Diskussion über das Thema kommt nicht zustande. Beim Kassieren fragt der freundliche junge Kellner den ›Sohn‹, ob er es allein schafft oder ob er Hilfe braucht.

Da die Schauspieler vom Verlauf der ›Aufführung‹ etwas enttäuscht waren, wollten sie noch am selben Abend in einer Bar mit Clubatmosphäre einen dritten Versuch wagen. In einer angesagten ›Location‹ in der Oranienburger Straße verlief die Szene dann auch ganz anders.

Zweite Wiederholung
Gepflegte Paare von Mitte Zwanzig bis Mitte Dreißig sitzen in schwarzen Ledersesseln an niedrigen Tischchen und nippen an ihren Drinks. Das Licht ist heruntergedimmt, aus den Lautsprechern kommt gedämpfte Lounge-Musik.

Als Frau Richard (Agathe) und Wolfgang (Markus) das Lokal betreten, werden sie von den drei ziemlich athletischen jungen Kellnern, alle in schwarzen Hosen und schwarzen Seidenhemden, sofort registriert. Mutter und Sohn wirken eher wie Leute, die sich verlaufen haben, Frau Richard weniger wegen ihres Outfits, sondern mehr aufgrund ihres Alters.

Kaum hat Frau Richard Platz genommen, wird schon eine Schale Chips vor sie auf den Tisch gestellt. Der Kellner reicht ihr die Getränkekarte. Wolfgang hat keine Gelegenheit, ihrer Champagnerbestellung zu widersprechen, so schnell ist der Kellner weg und wieder zurück, hat eine Flasche Champagner geöffnet und die Gläser gefüllt. Er kassiert sofort 100 Euro. Frau Richard und Wolfgang verschlägt es die Sprache. Als Frau Richard ihrem Sohn und dann den übrigen Gästen laut zuprostet und Wolfgang sie ermahnt, leiser zu sein, ist der Kellner sofort wieder zu Stelle und blafft sie beide an: »Wenn ihr ein Problem habt, geht ihr vor die Tür.« Als Frau Richard ihre Kniebeugen ausführt, kichern die Kellner am Tresen etwas verunsichert. Ein jüngeres Paar am Nebentisch schaut Salzstangen knabbernd gelangweilt zu. Erst als Frau Richard auf die Toilette geht, kommt der Kellner wieder an den Tisch und fragt Wolfgang: »Wo hast du denn die Alte aufgerissen?«

Wolfgang: »Das ist meine Mutter!«

Der Kellner lacht ordinär: »Von mir aus ist es deine Mutti. Jedenfalls will ich hier keinen Streß, ist das klar?!«

Auch Bodo als Herr mittleren Alters wirkt wie ein Fremdkörper in der Lounge-Bar, obwohl er extra ein Seidenjackett angezogen hat. Als er sich einmischt: »Sehen Sie nicht, der Dame geht es schlecht. Die braucht Hilfe!«, fährt ihn der Kellner an: »Halten Sie sich da raus!«

Herr mittleren Alters: »Haben Sie keine Mutter?«

Kellner: »Willst du mich beleidigen?!«

Er räumt die Gläser und den Sektkühler ab. In dem Augenblick kommt Frau Richard zurück. Sie improvisiert spontan: »Was machen Sie denn da? Sie können doch nicht einfach meinen Champagner abräumen.«

Kellner: »Ich mache, was ich will.«

Frau Richard: »Hören Sie, ich möchte meinen Champagner in Ruhe trinken.«

Wolfgang: »Mama, laß doch, komm, laß uns gehen!«

Der Kellner zu Frau Richard: »Du hast dich hier anständig zu benehmen und keinen Streß zu machen.«

Frau Richard: »Wie reden Sie eigentlich mit mir. Junger Mann! Wer hat Ihnen erlaubt, mich zu duzen?«

Wolfgang: »Mama, das hast du jetzt davon. Du hast zuviel getrunken. Komm laß uns gehen!«

Frau Richard: »Ich bin doch von einem Glas nicht betrunken! Ich lasse nicht zu, daß man mich so behandelt. Stellen Sie sofort den Champagner wieder hin. Ich habe dieses Getränk bezahlt!«

Der Kellner stellt alles wieder auf den Tisch.

Kellner: »Okay. Aber keinen Mucks mehr, sonst bist du draußen.« Er stößt Wolfgang an die Schulter: »Paß schön auf deine Alte auf!«

Agathe als Frau Richard und Markus als Wolfgang fehlen die Worte, die Situation droht aus dem Ruder zu laufen. An den Auftritt mit dem Monolog über das Altern ist nicht mehr zu denken. Für die beiden geht es nur noch darum, unbeschadet aus der Situation auszusteigen. Bodo springt in die Bresche und versucht, das Gespräch wieder auf das eigentliche Thema zu lenken, in dem er dem Kellner hinterherruft: »Sie werden auch mal älter. So geht man nicht mit älteren Menschen um!«

Der Kellner kommt zurück, baut sich vor Bodo auf: »Du sollst meine Gäste in Ruhe lassen.«

Martin, der als anonymer Gast am Tresen vor einem Bier saß und in der Spiegelwand die Szene als *Security* genau verfolgte, wurde langsam nervös, wie er später im Feedback berichtete. Er fühlte sich immer mehr als Polizist in die Verantwortung genommen.

Kellner zu Bodo: »Wie alt bist du?«

Jetzt mischt sich die junge Frau (Martha), ein, die mit Jan an einem der mittleren Tische sitzt: »Hey, warum bist du denn so aggressiv zu den Leuten? Die haben dir doch nichts getan, Mann!«

Einer der beiden anderen Kellner steht, wie einsatzbereit, mit verschränkten Armen am Tresen. Der andere dreht die Musik lauter.

Herr mittleren Alters (Bodo): »Fünfundfünfzig. Und Sie?«

Kellner: »Warum willst du das wissen?«

Herr mittleren Alters, freundlich: »Sie haben mich doch auch gefragt. Da dachte ich mir, ich darf Sie auch fragen …«

Kellner: »Warum?«

Herr mittleren Alters: »Weil ich den Eindruck habe, daß Sie zu der Dame nicht so freundlich sind wie zu den jungen Gästen.«

Kellner: »Ist mein Stammpublikum.«

Herr mittleren Alters, ganz ruhig und freundlich: »Ich meine ja nur. Es liegt mir völlig fern, Ihnen zu nahe zu treten. Aber ich habe den Eindruck, daß Sie die Dame nicht so gut behandeln, weil sie älter ist. Sie könnte Ihre Mutter sein.

Ich finde, daß man älteren Menschen gegenüber Respekt haben sollte!«

Der Kellner etwas weniger aggressiv: »War ich unfreundlich?« Er schaut um sich. »Wer hat hier Streß gemacht? Ich verlange Respekt! Okay?!«

Frau Richard trinkt stumm.

Herr mittleren Alters zum Kellner: »Schauen Sie, was Sie gemacht machen. Diese Dame war so fröhlich. Jetzt sitzt sie ganz traurig da. Das Alter ist doch schon traurig genug.«

Der Kellner geht zu Frau Richard und klopft ihr auf die Schulter: »Alles klar? War nicht so gemeint.«

Frau Richard leert ihr Glas, nimmt ihre Handtasche, steht auf und geht zur Tür. Wolfgang läuft ihr nach.

Der Kellner räumt den Tisch ab und geht leise fluchend zurück an den Tresen.

Herr mittleren Alters zum Kellner: »Das haben Sie jetzt davon. Die Dame betritt dieses Lokal bestimmt nie wieder.«

Kellner: »Ist das mein Problem?«

Herr mittleren Alters: »Immerhin hat sie Champagner bestellt.« Er steht auf und geht.

Der Kellner ruft ihm nach: »Und dich will ich hier auch nicht mehr sehen.«

Die anderen Gäste wirken desinteressiert. Das junge Paar Martha und Jan und auch die anderen Workshopteilnehmerinnen und -teilnehmer, die sich unter die Gäste gemischt hatten, verlassen in Abständen von jeweils mehreren Minuten die Lounge. Martin blieb am längsten. Der Vorfall war, soweit Martin dies im Lärm mitbekam, kein Thema mehr unter den Gästen und auch nicht bei den Kellnern.

Erste Nachbesprechung

In der Nachbesprechung – in einem Bistro drei Straßen weiter – wird zunächst diskutiert, ob der Aufführungsort richtig gewählt war. Die Gruppe hatte diese Szene bewußt auch vor jüngeren Nachtschwärmern spielen wollen.

Vanessa argumentiert: »Was bringt es denn, wenn wir diese Szene mit der älteren Frau an einem Ort spielen, den vor allem Senioren besuchen? Die kennen das Thema. Das ist dann Zielgruppentheater.«

Markus hält dagegen: »Was bringt es, Rentnerprobleme vor Kids zu spielen? Das betrifft die nicht. Das ist so, als würdest du in Gütersloh die Müllprobleme von Neapel diskutieren. Die Kids haben andere Sorgen: Mobbing in der Schule, Drogen, Verhütung, Safer Sex.«

Martin findet, jedes Stück müsse dort gespielt werden, wo es hingehört. Sonst bestehe die Gefahr, daß es untergeht oder die Situation außer Kontrolle gerät. Zudem sei die Sicherheit der Schauspieler wesentlich.

Ich bestätige den Akteuren: »Es war gut und richtig, daß ihr nicht auf den aggressiven Ton des Kellners eingestiegen seid. Man sollte niemals auf eine aggressive Provokation aggressiv reagieren, sondern nach Möglichkeit freundlich und sachlich bleiben. Man könnte diese Szene als kleines Lehrstück in Sachen Deeskalation nehmen. Als hättet ihr das testen wollen, habt ihr gezeigt, wie Deeskalation funktioniert und wie wichtig spontanes Improvisieren ist. Das gelingt nur erfahrenen und gut eingespielten Teams.«

Nach der Aktion im öffentliche Raum und dieser (ersten) Nachbesprechung geht die Gruppe auseinander, verabredet sich aber vorher für die Auswertung am nächsten Vormittag, denn es soll kein zu langer Zeitraum zwischen der Aktion im öffentlichen Raum und der Auswertung liegen.

Diese Auswertung kann, je nach Mitteilungsbedürfnis, Gesprächs- und Aufarbeitungsbedarf, unterbrochen von Pausen, bis zu drei Stunden dauern oder einen halben Tag, aber nicht länger, um Dinge nicht zu ›zerreden‹.

Nachbesprechung (Modul V)

In der Nachbesprechung und Auswertung am nächsten Vormittag, wieder in Agathes Wohnung, werden die Szenen gemeinsam analysiert.

Zunächst berichten die Akteure im *Rollenfeedback* noch einmal, was sie als Figur – also als Frau Richard, als Sohn Wolfgang, als Herr mittleren Alters usw. – erlebt haben, wie sie sich als Figur wahrgenommen und empfunden haben, welchen Eindruck sie wohl auf die ›realen Personen‹ im Café, das Damenkränzchen und die Kellner, gemacht haben. Sie berichten aus der Perspektive ihrer Figur, ob und wie es ihr gelungen ist, sich rollenkonform einzubringen, in Kontakt zu den ›realen Personen‹ zu treten, sie anzuspielen, mit ihnen zu kommunizieren, auf deren Repliken und Verhaltensweisen zu reagieren. Alle Akteure berichten, die der *Kernszene* wie die der *Satellitenszene,* auch die stummen Rollen, die ›nur‹ Beobachter waren.

Da die Gruppe *Mit 66 Jahren …* dreimal gespielt hat, wurden die drei Aufführungen miteinander verglichen:

Jan: »In den Club in der Oranienburger Straße wäre ich in meinem ursprünglichen Wolfgang-Outfit vermutlich gar nicht reingekommen.«

Agathe: »Im Club war ich für alle vermutlich einerseits so eine Alte, die junge Männer aufreißt, gegen Bezahlung, aber andererseits eine, die viel Geld zu haben scheint. Am wohlsten habe ich mich im Café *Einstein* gefühlt. Da hatte ich den Eindruck, die Leute nehmen mich ernst, sind betroffen.

Vielleicht weil etliche Leute meines Jahrgangs da waren, vielleicht auch weil das Publikum dort generell aufgeschlossener ist. Die jungen Mütter im Café *November* haben mich kaum beachtet. Sie haben sich nur für sich und ihre Kinder interessiert. Vielleicht verdrängen sie das Problem ...«

Markus: »Ich hatte den Eindruck, daß ich bei den Kellnern im Club irgendwie gut ankam. Ich war so ein ähnlicher Typ wie sie, schick, arrogant, nach dem Motto ›Ich sage der Alten, wo es langgeht‹. Und im Café *November* hatte ich den Eindruck, daß die Frauen mich gut fanden. Die eine hat immer mal zu mir herübergeschielt. Sie interessierte sich für mich und nicht für das Thema. Ich hätte der Kollege ihres Yuppiemannes sein können, womöglich ihr Seitensprung.«

Jan: »Der Kellner im *November* war eigentlich nicht vorhanden. Ich glaube, er war in der Situation total hilflos. Ein Student, der jobbt.«

Bodo: »Mir hat in dem Club selbst mein Seidenblazer nicht geholfen. Ich hatte den Eindruck, die Kellner sehen in mir so einen biederen, in die Jahre gekommenen Provinzdeppen, der in der Großstadt etwas erleben will. Die dulden mich nur, weil ich zahlender Gast bin. Die hätten mich am liebsten vor die Tür gesetzt. Leider konnte ich sie darauf nicht ansprechen. Das wäre wohl nicht situationsadäquat gewesen.«

Ich relativiere: »Es kommt darauf an, wie du es rüberbringst. Situationsadäquat bedeutet unter anderem, das örtliche, räumliche, das soziale, das geschlechtsspezifische Umfeld zu bedenken. Das betrifft auch das Kostüm, die Maske, die Accessoires, das Auftreten, Agieren, die Sprache. Mit all diesen ›Zeichen‹ könnt ihr Sympathie oder Antipathie erzeugen. Bodo als Herrn mittleren Alters hat vermutlich nur sein Seidenjackett vor noch mehr Aggression geschützt. Ihr müßt also vorher genau kalkulieren: Wollt ihr schockieren oder wollt ihr die Zuschauer dort abholen, wo sie sind? Jedenfalls wurde deutlich, wie abhängig die Aufführung von all diesen Parametern ist. Insofern ist das Setting immer auch ein Experimentierfeld.«

Martin: »Ich wurde im Club zunehmend nervöser, weil ich spürte, daß dort die Aggressionsschwelle ziemlich niedrig ist. Es hätte nicht viel gefehlt, und sie wären gegen den Sohn handgreiflich geworden. Diese Typen kommen oft aus dem Türstehermilieu. Die sind nicht ›aggressiv gehemmt‹!«

Ich bestätige Martin: »Hier befinden wir uns auch wieder im Grenzbereich von Fiktion und Realität. Es geht um die Frage, wie sich beide Ebenen zueinander verhalten. Damit ist auch die Frage verbunden: Was hat die Rolle mit *euch* gemacht? *Was* konntet *ihr* neu ausprobieren?, Stichworte: Angst, Mut, Hemmschwelle, ›Kick‹ ... Habt ihr, um es im Soziologenjargon zu sagen, neue Handlungskompetenzen erprobt?«

Bodo: »Ich wollte ja zwischendurch aussteigen. Zum Glück habe ich mich dann aber anders entschieden. Mein ganz persönliches Fazit: Mich hat das *Unsichtbare Theater* als Teilnehmer verändert. Ich glaube, ich würde beim nächsten Mal sogar eine größere Protagonistenrolle übernehmen. Ich nehme die Realität draußen jetzt nicht nur mit viel wacheren Augen wahr. Ich glaube, ich traue mich jetzt auch insgesamt mehr. Ich warte irgendwie schon auf die nächste Gelegenheit, wo ich mich einmischen kann.«

Naomi: »Das geht mir auch so. Vor allem bin ich mir sicher, daß ich in Zukunft stärker auftreten werde, mir den Mund nicht verbieten lasse.«

Ich betone: »Brecht sah seine Lehrstücke als Erfahrung und Lehre für die Interpreten, nicht für das Publikum. Auch das *Unsichtbare Theater* will nicht nur auf die Zuschauer einwirken, sondern auch auf die, die es machen. Dieser Aspekt ist wichtig.«

Markus: »Für mich ist wesentlich: Hat die Szene wirklich etwas bewirkt? Haben wir jemanden erreicht? Oder haben wir nur ein sattsam bekanntes Problem zum x-ten Mal aufgewärmt, gar verdoppelt?«

Martin wiederholt mit Nachdruck noch einmal, die Aufführung im Club habe gezeigt, wie wichtig es ist, daß die Szene dort gespielt wird, wo sie hingehört.

Agathe: »Aber wer entscheidet, wo etwas hingehört? Das sind wir als Gruppe. Und wir wollten es bewußt auch an einem Ort spielen, wo das Thema eigentlich nicht vorkommt, man könnte auch sagen, ausgeblendet wird.«

Markus: »In dem Punkt stimme ich Martin zu. Wer gibt uns das Recht, in einen Club reinzuplatzen, wo die Leute Spaß haben wollen, und sie mit unseren geriatrischen Problemen zuzulabern?«

Hedwig: »Ich finde das gerade spannend, denn durch diesen Verfremdungseffekt, und das ist es doch im Grunde, wird unser Thema um so auffälliger. Das wollen wir doch.«

Martin: »Aber es heißt doch, *Unsichtbares Theater* soll an Orten stattfinden, wo es so hätte stattfinden können.«

Hedwig: »Vielleicht haben wir einige Leute in der Lounge erreicht, auch wenn sie nicht reagiert haben. Für mich ist wichtig: Man muß die Dinge dort ansprechen, wo sie *scheinbar* kein Thema sind: Alter, Gebrechlichkeit, Behinderung. Ist die Lounge nicht gerade der ideale Ort, wo Menschen unversehens mit etwas konfrontiert werden, das ihnen scheinbar völlig fremd ist?«

Agathe: »Das sind alles wichtige Gesichtspunkte, die bei jeder Aufführung berücksichtigt und diskutiert werden müssen, jedenfalls sind es keine Argumente gegen das *Unsichtbare*

Theater. Ich habe das ungute Gefühl, das hinter dieser Diskussion die Frage steht: Ist es überhaupt legitim, *Unsichtbares Theater* zu spielen, hat das *Unsichtbare Theater* eine Daseinsberechtigung? Wer diese Frage stellt, muß mir erst einmal beantworten, und diese Frage stelle ich immer wieder, welche Zuschauerin im Deutschen Theater in Berlin heute noch die Probleme von Ibsens Nora hat.«

Hedwig: »Nach einer Aufführung von *Nora* fragt keiner, welches Ergebnis die Aufführung gebracht hat, wie viele Frauen sich von ihren schrecklichen Männern getrennt haben, sondern nur: ›War der Nerz echt, hatte die echte Wildlederhandschuhe an?‹«

Agathe: »Mir hat diese Art von Aufführung im öffentlichen Raum großen Spaß gemacht, und ich hatte endlich wieder das Gefühl, ich erreiche die Leute. Die haben sich wirklich für die Frau Richard interessiert und nicht dafür, wie ich sie gespielt habe.«

Mein Fazit: »Der Unterschied ist: Die Leute im Café wissen nicht, daß ihr Theater spielt. Das sind zweierlei Maßstäbe. Sie halten das für pure Realität! Nicht für einen ›Kunstgenuß‹!«

Agathe: »Das ist der springende Punkt. Und deshalb beschäftigen sie sich mit dem Thema.«

Mein Schlußstatement: »Man sollte die verschiedenen Theaterformen nicht gegeneinander ausspielen. Jede ist auf ihre Art etwas ganz Besonderes. Das *Unsichtbare Theater* will in jedem Fall sichtbar machen, was unter der Oberfläche gärt. Mal mit feineren, mal mit gröberen Mitteln. Es will die scheinbare Ordnung der Dinge stören, es will verstören, aufrütteln, Dinge ansprechen, die verdrängt werden. Wenn uns das gelungen ist, haben wir einiges erreicht.«

GLOSSAR

Antagonist: Widersacher des *Protagonisten*, Aggressor.

Austauschrunde: Sie findet nach jeder Spielrunde, jeder Vignette, den Probephasen beim Erarbeiten von *Kern-* und *Satellitenszenen* statt. Vgl. *Feedback* und *Sharing.*

Auswertung: Besprechung des gesamten gemeinsamen Arbeitsprozesses. Ergebnis- und Methodendiskussion, Selbstreflexion: Haben wir unser Ziel erreicht, haben wir verantwortungsvoll agiert, was haben wir falsch gemacht, was können wir besser machen.

Blitzlicht: Am Anfang jedes Arbeitstreffens beschreiben die Gruppenmitglieder reihum ihre momentane Befindlichkeit. Vgl. *Störungen.*

Curinga: Diese von Boal eingeführte Jokerfigur fungiert als Moderator, Spielleiter, Koordinator zwischen Spiel und Realität, Akteuren und Zuschauern. Erfahrene Curingas können als Austauschschauspieler und Hilfs-Ich für alle Figuren einspringen, sie ersetzen und unterstützen. Vgl. *Joker.*

Doppeln: Beim *Doppeln* tritt ein sogenanntes *»Hilfs-Ich«* hinter den Schauspieler und übernimmt Haltung, Gestik, Mimik, Wortwahl und Tonfall der Figur, die der Schauspieler verkörpert. Bei der Rollenerarbeitung dient diese Technik dazu, das gestische, mimische, proxemische, nonverbale und verbale ›Vokabular‹ einer Figur angemessen zu konstellieren, anzureichern und zu differenzieren. Bei den *Vignetten* kann diese Technik angewendet werden, um das Profil einer real erlebten Person, die der Schauspieler verkörpern soll, plastisch nachvollziehbar zu machen. Wenn, wie bei den *Vignetten,* ein Teilnehmer eine real erlebte traumatische Situation nachstellt, kann das *Doppeln* auch dazu dienen, unausgesprochene, verdrängte Gefühle und Gedanken zu artikulieren. Dieses Form des *Doppelns* sollte allerdings nur von erfahrenen Spielleitern angewendet werden. *Doppeln* und *Spiegeln* sind sehr hilfreich bei der Rollenverteilung.

Eklat: Unerwartete Aktion, die optische und akustische Zeichen setzt und dadurch die zufällig Anwesenden auf das Geschehen aufmerksam macht. Der Eklat kann am Anfang (als Auslöser), in der Mitte oder am Ende (Höhepunkt) der *Kernszene* stehen.

Entrollen: Ablegen der gespielten Rolle v. a. nach der Unsichtbaren Theateraktion. Die Akteure schlüpfen aus der gespielten Figur wieder in ihre eigene Person zurück.

Feedback: Bericht aus der Perspektive der Rolle (Rollenfeedback), aus der Perspektive der Schauspieler (persönliches Feedback), Rückmeldung der anderen Akteure und Teilnehmer (Gruppenfeedback).

Hilfs-Ich: Im klassischen Psychodrama stellt das *Hilfs-Ich* Bezugspersonen des Protagonisten, aber auch den Protagonisten selbst dar, ist Mittler zwischen dem Leiter und dem Protagonisten. Es können auch mehrere Hilfs-Ichs gleichzeitig ein- und dieselbe Person darstellen. Vgl. *Joker/Joker-Akteure.*

Joker/Joker-Akteure: Akteure, die in den *Satellitenszenen* die Zuschauer in die Diskussion der *Kernszenen*problematik einzubeziehen suchen. Sie fungieren oft auch als Unterstützer *(›Hilfs-Ichs‹)* von Antagonist und Protagonist. Vgl. *Curinga.*

Kernszene: Inszenierte konkrete Unterdrückungs- bzw. Konfliktsituation, reißt das Thema an, ist dicht und emotional aufgeladen, findet ausschließlich zwischen den ›unsichtbaren Schauspielern‹ statt, meist zwischen Protagonist und Antagonist. Sie dauert nicht länger als 10 bis 20 Minuten und soll von möglichst vielen Zuschauenden wahrgenommen werden. Vgl. *Eklat.*

Lokaltermin: Erkundung des geplanten Spielorts der Unsichtbaren Theateraktion.

Multifunktionen: Jedes Gruppenmitglied kann und darf alle Rollen und Funktionen übernehmen, von der Hauptrolle bis zum Beobachtenden aus dem Hintergrund, vom Spielleiter, Inspizienten, Protokollanten bis zum Requisiteur.

Nachbesprechung/Nachbereitung: Entlastung der Akteure, Mitteilen des Erlebten, Austausch unmittelbar nach einer Unsichtbaren Theateraktion. Vgl. *Entrollen, Feedback, Sharing.*

Protagonist: Unterdrückter, Opfer, Sympathieträger.

Protokollant: Dokumentiert den gesamten Arbeitsprozeß (Themenfindung, Vignetten, Proben, Unsichtbare Theateraktion im öffentlichen Raum, Ergebnisse, Auswertung). Die Funktion des Protokollanten rotiert.

Psychodrama: Eine von dem jüdischen Wiener Arzt Jacob Levy Moreno (1892–1974) in seinem ›Stegreiftheater‹ entwickelte Therapie in der Gruppe, bei der die Teilnehmer, z. B. im Protagonistenspiel, eigene Lebenskonflikte mit Hilfe der anderen Gruppenmitglieder szenisch darstellen und bearbeiten. Heute ist das Psychodrama eine anerkannte Psychotherapiemethode.

Reflexionsphase: Regelmäßiges Durcharbeiten des gemeinsam Erlebten unter verschiedensten Gesichtspunkten. Vgl. *Nachbesprechung/Nachbereitung* und *Auswertung.*

Rollenkarussell: Gemeinsames Erarbeiten der Unsichtbaren Theateraktion, wobei jede(r) jede Rolle spielen, ausprobieren, jede Figur ersetzen kann. Das Rollenkarussell hilft auch bei der Entscheidung, wer welche Rolle spielen soll, dient also auch der Rollenbesetzung.

Rollentausch: Beim Rollentausch versetzt sich der Schauspieler (Protagonist) in die Rolle des (unmittelbaren) Spielpartners (Antagonist), übernimmt und spielt seine Rolle und sieht gleichzeitig das Gegenüber als sich selbst (der Unterdrückte als Unterdrücker, der

Aggressor als Opfer). Bei den *Vignetten* dient diese Technik dazu, die als traumatisch erlebte Wirklichkeit so genau wie möglich nachzustellen und die verschiedenen Perspektiven nachzuerleben. Bei der Rollenerarbeitung dient sie darüber hinaus der Ausdifferenzierung der Figuren.

Satellitenszenen: Sie setzen während oder nach der *Kernszene* ein, gruppieren sich in geringerem oder größerem räumlichen Abstand um die *Kernszene* herum, laufen nacheinander oder parallel ab, korrespondieren miteinander und vertiefen das in der *Kernszene* gezeigte Thema. Die Personen der *Satellitenszenen* versuchen durch Fragen und Kommentare die Anwesenden in eine sachliche Diskussion einzubeziehen. Es kann mehrere *Satellitenszenen* zu unterschiedlichen thematischen Schwerpunkten geben.

Security: Wichtige Funktion zum Schutz der Akteure, um besonders Antagonisten und Protagonisten vor Übergriffen zu bewahren. Wird meist vom *Joker/Joker-Akteuren* übernommen.

Sharing: Spontane Anteilnahme am Erleben und Erlebten der Akteure, z. B. durch Identifikation; wichtiger Teil der Austauschrunden nach Vignetten, beim Erarbeiten von *Kern-* und *Satellitenszenen* und nach Unsichtbaren Theateraktionen. Vgl. *Nachbesprechung/Nachbereitung*.

Spiegeln: Bei der Spiegeltechnik stellen Gruppenmitglieder den Protagonisten oder Antagonisten, aber auch andere an einer Szene beteiligte Figuren gleichzeitig oder nacheinander spiegelbildlich dar. Wie das Doppeln ist auch diese Technik wichtig für die Rollenerarbeitung.

Störungen: Persönliche Mißstimmung, mehr oder weniger unterschwellige Probleme in der Gruppe, äußere Störungen, deren Behebung Vorrang hat. Vgl. *Blitzlicht*.

Timing: Bei der Planung einer Unsichtbaren Theateraktion wird die zeitliche Abfolge der Unsichtbaren Aktion in allen ihren Details akribisch festgelegt (Monologe, Dialoge, akustische und optische Zeichen, Auftritte, Abtritte).

Up-date: Die Akteure sollen sich in der Vorbereitungsphase mit ihrem selbstgewählten Thema vertraut machen, (Zusatz-)Informationen besorgen (Hintergrundberichte, Reportagen, Statistiken, Umfragen).

Vignette: Miniszene, die einen persönlich erlebten Konflikt enthält und aus dem Stegreif gespielt wird, geht der Themenfindung voraus. Vignetten können auch zu Unsichtbaren Theateraktionen ausgebaut werden.

QUELLEN UND WEITERFÜHRENDE LITERATUR

Werke von Augusto Boal:

Boal, Augusto: *Teatro do oprimido e outras poéticas políticas*. Rio de Janeiro/Lisboa: Civilização Brasileira 1976 (impresso em Portugal)

Ders.: *Théâtre de l'opprimé*. Paris: Maspero 1977

Ders.: *Técnicas latinoamericanas de teatro popular. (Una revolución copernicana al revés)*. Buenos Aires: Corregidor Saici y E. 1975

Ders.: *Técnicas latinoamericanas de teatro popular. (Uma revolução Copernicana ao contrário)* Coimbra: Centelha [2]1977 (erweitert).

Ders.: *Duzentos e tal jogos e exercícios para o actor e não actor con ganas de dizer algo através do teatro*. Lisboa: SCARL 1978

Ders.: *Stop: c'est magique!* Rio de Janeiro: Civilização Brasileira 1980

Ders.: *Teatro Legislativo. Os primeiros três anos ... work in progress ... Livro interativo Versão Beta.* [Rio de Janeiro]: Editora Fulana de Tal (!) 1996 [Manuskript]

Ders.: *Hamlet e o filho do padeiro. Memórias imaginadas*. Rio de Janeiro/ São Paulo: Editora Record 2000

Ders.: *O Arco-Íris do Desejo e o Tira na Cabeça. (As Novas Técnicas Terapêuticas do Teatro do Oprimido) (O Método Boal de Teatro e Terapia)*. Paris, Setembro 1982. Rio de Janeiro, Setembro 1989 [Manuskript]

Ders.: *Theater der Unterdrückten*. Herausgegeben und aus dem Brasilianischen übersetzt von Marina Spinu und Henry Thorau. Frankfurt a. M.: Suhrkamp 1979

Ders.: *Theater der Unterdrückten. Übungen und Spiele für Schauspieler und Nicht-Schauspieler*. Herausgegeben und aus dem Brasilianischen übersetzt von Marina Spinu und Henry Thorau. Frankfurt a. M.: Suhrkamp 1989

Theaterstücke von Augusto Boal:

Boal, Augusto/Guarnieri, Gianfrancesco: *Arena conta Tiradentes*. São Paulo: Sagarana 1967

Ders.: *Revolução na América do Sul. Teatro de Augusto Boal I.* São Paulo: Hucitec 1986: 27–124

Ders.: *Revolution auf südamerikanisch.* Deutsch von Anneliese Botond. Frankfurt a. M.: Verlag der Autoren 1979

Ders.: *Murro em ponta de faca.* São Paulo: Hucitec 1978

Ders.: *Mit der Faust ins offene Messer.* Aus dem brasilianischen Portugiesisch von Henry Thorau und Peter Urban. Frankfurt a. M.: Verlag der Autoren 1981

Ders./Guarnieri, Gianfrancesco: *Arena conta Zumbi. Revista de Teatro da SBAT,* nº 378, 1970: 31–59

Ders./Guarnieri, Gianfrancesco: *Zumbi.* Aus dem brasilianischen Portugiesisch von Henry Thorau. Wien: Eirich Verlag 1985

Ders.: *Geschichten aus unserem Amerika.* Aus dem brasilianischen Portugiesisch von Henry Thorau [nach dem Manuskript]. Frankfurt a. M.: Verlag der Autoren 1993

Über Augusto Boal:

Thorau, Henry: »Das Unsichtbare Theater des Augusto Boal«, in: Baumgarten, Michael/Schulz, Wilfried (Hg.): *Die Freiheit wächst auf keinem Baum. Theaterkollektive zwischen Volkstheater und Animation.* Berlin: Medusa, 1979: 111–119

Ders.: *Augusto Boals Theater der Unterdrückten in Theorie und Praxis.* Rheinfelden: Schäuble 1982

Ders.: »Lokaltermin ›Unsichtbares Theater‹. Anmerkungen zu einer umstrittenen Methode Augusto Boals«, in: Ruping, Bernd (Hg.): *Gebraucht das Theater. Die Vorschläge Augusto Boals. Erfahrungen, Varianten, Kritik.* Münster, 1993: 270–274

Über Agitprop:

B. Balázs: »Theater auf der Straße«, in: Hoffmann, L./Hoffmann-Ostwald, D. 1977: II 452–457

Büscher, Barbara: *Wirklichkeitstheater, Straßentheater, Freies Theater. Entstehung und Entwicklung freier Gruppen in der Bundesrepublik Deutschland 1968–76.* Frankfurt a. M./Bern/New York: Peter Lang 1987

Hoffmann, Ludwig/Hoffmann-Ostwald, Daniel (Hg.): *Deutsches Arbeitertheater 1918–1933*, Berlin [3]1977 [Berlin 1961], Henschel Verlag Kunst und Gesellschaft I–II

Hüfner, Agnes (Hg.): *Straßentheater*, Frankfurt. a. M.: Suhrkamp 1970

Lacis, Asja: *Revolutionär im Beruf. Berichte über proletarisches Theater, über Meyerhold, Brecht, Benjamin und Piscator*. (1935) Hg. von Hildegard Brenner. München: Rogner & Bernhard [2]1976 [1973]

Piscator, Erwin: *Das politische Theater*. Hamburg: Rowohlt 1963

Über Guerillatheater:

Davis, Ron G.: »Guerrilla Theatre«, in: *Tulane Drama Review (TDR)* 10/4 (Summer 1966) 130–136

Estrin, Marc: »Guerrilla Theatre from The American Playground«, in: *The Drama Review (TDR)* 13/4 (Summer 1969) 72–77

Ders.: »A note on Guerilla Theatre«, in: *The Drama Review (TDR)* 13/4 (Summer 1969) 76

Ders.: »Notiz zum Guerillatheater« (1971), in: Herms 1973: 95–98

Herms, Dieter: *Agitprop USA. Zur Theorie und Strategie des politisch-emanzipatorischen Theaters in Amerika seit 1960*. Kronberg Ts.: Scriptor Verlag 1973

Kohtes, Martin Maria: *Guerilla Theater. Theorie und Praxis des politischen Straßentheaters in den USA (1965–1970)*. Tübingen: Gunter Narr 1990

Ders.: »Invisible Theatre: Reflections on a overlooked form«, in: *New Theatre Quarterly (NTQ)* IX Nr. 33, Cambridge. Februar 1993: 85–89

Lesnick, Henry (ed.): *Guerilla Street Theater*. New York: Bard/Avon 1973

Schechner, Richard: »Guerrilla Theatre: May 1970«, *The Drama Review (TDR)* 14/3 (1970) 136–169. New York 1971

Ders.: »Guerilla Theater Mai 1970«, in: Herms 1973: 83

Über Brasilien/Lateinamerika: Geschichte, Politik, Politisches Theater

Bernecker, W. L./Pietschmann, H./Zoller, R.: *Eine kleine Geschichte Brasiliens*. Frankfurt a. M.: Suhrkamp 2000

Blanco, Ricardo: *Von Apu Ollantay bis Brecht. Theater als Waffe im Klassenkampf Lateinamerikas.* Berlin: Henschelverlag 1983

Briesemeister Dietrich/Feldmann, Helmut/Santiago, Silviano (Hg.): *Brasilianische Literatur der Zeit der Militärherrschaft (1964–1984).* Frankfurt a. M.: Vervuert 1992. [Bibliotheca Ibero-Americana Bd. 47]

Freire, Paulo: *Pädagogik der Unterdrückten.* Bildung als Praxis der Freiheit. Reinbek bei Hamburg: Rowohlt 1973 [*Pedagogia dos oprimidos* 1967]

Freire, Paulo: *Erziehung als Praxis der Freiheit.* Reinbek bei Hamburg: Rowohlt 1977 [*Educação como prática da liberdade* 1967]

Thorau, Henry: »Theater im Widerstand«, in: Briesemeister D./Feldmann, H./Santiago, S. 1992: 279–307

Ders.: »Zwischen Euphorie, Repression und Depression – Politisches Theater in Brasilien von den 1950er bis zu den 1970er Jahren«, in: Gall, Alfred (Hg.): *Wendezeiten. Historische Zäsuren in Drama und Film.* Francke Verlag: Tübingen 2011: 199–232 [Mainzer Forschungen zu Drama und Theater Bd. 44]

Über Psychodrama:

Feldhendler, Daniel: *Psychodrama und Theater der Unterdrückten.* Frankfurt a. M.: Nold 1992

Leutz, Grete: *Das klassische Psychodrama nach J. L. Moreno.* Berlin/Heidelberg/New York: Springer Verlag, 1974

Moreno, J. L.: *Die Grundlagen der Soziometrie. Wege zur Neuordnung der Gesellschaft.* Opladen: Westdeutscher Verlag, [3]1974: XIV

Petzold, Hilarion: *Angewandtes Psychodrama in Therapie, Pädagogik und Theater.* Paderborn: Junfermann [2]1978

Thorau, Henry: »›Durch Millionen von Mikrorevolutionen die Makrorevolutionen der Zukunft vorbereiten.‹ Augusto Boals Theater der Unterdrückten und J. L. Morenos Psychodrama«, in: *PsychoDrama* 4. Jg., Heft 1 Juni 1991: 5–19

Über verwandte Themen:

Arent, Arthur: »The techniques of the Living Newspaper«, in: *Theatre Quarterly*, I/4 Oct.–Nov. 1971: 57–59 [1938]

Brecht, Bertolt: Gesammelte Werke in 20 Bänden. Frankfurt a. M.: Suhrkamp 1967 (GW 9, 766–770, 15 (290 f.), 16 (546–558, 671 f.)

Bruehl, Hein: »Aktionsspiele. Denkansätze, Erfahrungen: Modelle«, in: Schöning, Klaus (Hg.): *Neues Hörspiel O-Ton. Der Konsument als Produzent. Versuche. Arbeitsberichte.* Frankfurt a. M.: Suhrkamp 1974: 282–309

Fox, Jonathan: *Renaissance einer alten Tradition. Playback Theater.* Köln: InScenario Verlag 1996 [Acts of Service. Spontaneity, Commitment, Tradition in the Nonscripted Theatre, New Paltz, New York: Tusitala Publishing 1994, Übersetzung Marlies Arping]

Salas, Jo: *Playback-Theater.* Berlin: Alexander Verlag 1998 [*Improvising Real Life. Personal Story in Playback Theatre.* Kendall/Hunt Publishing Company: Dubuque 1993, Übersetzung Christiane Landgrebe]

Steinweg, Reiner/Laubenthal, Ulrike (Hg.): *Gewaltfreie Aktion. Erfahrungen und Analysen.* Frankfurt a. M.: Brandes & Apsel 2011

KONTAKTADRESSEN

Hier einige Adressen von Gruppen und Einrichtungen im deutschsprachigen Raum, die im *Theater der Unterdrückten* ausgewiesen sind und teilweise auch Seminare und Workshops zum *Unsichtbaren Theater* anbieten:

- Lisa Kolb-Mzalouet, Wien: www.lisa-kolb.at
- Theater der Unterdrückten, Wien (Birgit Fritz, Miriam Sinzinger und Team): www.tdu-wien.at
- Michael Wrentschur, InterACT, Graz: www.interact-online.org
- Till Baumann, Berlin: www.tillbaumann.de
- Harald Hahn, Berlin: www.harald-hahn.de
- Barbara Santos, Christoph Leucht, Kuringa, Berlin: www.kuringa.org

Weitere, auch internationale Kontakte finden sich auf den *Yellow Pages* von: www.theatreoftheoppressed.org.

ÜBER DEN AUTOR

Henry Thorau

Geboren 1952. Dr. phil., Dipl.-Psych., Psychodramaausbildung, Professor em. für Brasilianische und Portugiesische Kulturwissenschaft an der Universität Trier. 1981–83 Chefdramaturg an der Freien Volksbühne Berlin.

Veröffentlichungen: *Augusto Boals Theater der Unterdrückten in Theorie und Praxis* (1982), *Perspectivas do Moderno Teatro Alemão* (1984), *Captação – Trancetherapie in Brasilien* (1994) (gemeinsam mit Marina Spinu).

Herausgeber und Übersetzer von Augusto Boals Schriften und Theaterstücken, u. a. *Theater der Unterdrückten* (1979) und *Übungen und Spiele für Schauspieler und Nicht-Schauspieler* (1989), *Mit der Faust ins offene Messer* (1981) (gemeinsam mit Peter Urban), *Geschichten aus unserem Amerika* (1991).

Weitere Herausgeberschaften und Übersetzungen:

Fernando Gabeira: *Die Guerilleros sind müde* (1982), *Theaterstücke aus Brasilien* (1996), *Portugiesische Literatur* (1997), *Theater als Ort der Geschichte. Festschrift für Henning Rischbieter* (1998) (gemeinsam mit Theo Girshausen), Nelson Rodrigues: *Goooooool! Brasilianer zu sein ist das Größte* (2006), *Heimat in der Fremde* (2007), *Lisboa Africana* (2009) (gemeinsam mit Orlando Grossegesse), *Corpo a Corpo. Körper, Geschlecht, Sexualität in der Lusophonie* (2011) (gemeinsam mit Tobias Brandenberger).

THEATERLITERATUR

PETER BROOK
Der leere Raum

Wanderjahre – Schriften zu Theater, Film & Oper 1946–1987

Das offene Geheimnis
Gedanken über Schauspielerei und Theater
Mit einem Vorwort von Hans-Thies Lehmann

Georg I. Gurdjieff
(mit Jean-Claude Carrière und Jerzy Grotowski)

Zwischen zwei Schweigen. Gespräche mit Peter Brook
Herausgegeben von Dale Moffitt

Peter Brook – Theater als Reise zum Menschen
Herausgegeben von Olivier Ortolani

YOSHI OIDA
Zwischen den Welten
Mit einem Vorwort von Peter Brook

Der unsichtbare Schauspieler
Mit einem Vorwort von Peter Brook

Die Tricks eines Schauspielers
Mit einem Vorwort von Peter Brook

JERZY GROTOWSKI

Für ein Armes Theater

Mit einem Vorwort von Peter Brook

JAN KOTT

Shakespeare heute

Mit einem Vorwort von Peter Brook

KEITH JOHNSTONE

Improvisation und Theater

Mit einem Nachwort von George Tabori

Theaterspiele

Spontaneität, Improvisation und Theatersport

Wie meine Frau dem Wahnsinn verfiel – Stories & Plays

NIKOLAI GORTSCHAKOW

Die Wachtangow-Methode

Die Wiederentdeckung der Improvisation für das Theater

Mit einem Vorwort von Keith Johnstone

WLADIMIR NEMIROWITSCH-DANTSCHENKO/
KONSTANTIN STANISLAWSKI

Erinnerungen an Tschechow

Tschechow oder die Geburt des modernen Theaters

Herausgegeben von Dieter Hoffmeier

JÖRG BOCHOW

Das Theater Meyerholds und die Biomechanik

RICHARD BLANK

Schauspielkunst in Theater und Film

Strasberg, Brecht, Stanislawski

LEE STRASBERG

Schauspielen & Das Training des Schauspielers

Herausgegeben von Wolfgang Wermelskirch

JACQUES LECOQ

Der poetische Körper

Eine Lehre vom Theaterschaffen

Mit einem Nachwort von Dietmar Sachser

DIETMAR SACHSER

Theaterspielflow

Über die Freude als Basis schöpferischen Theaterschaffens

ARIANE MNOUCHKINE & DAS THÉÂTRE DU SOLEIL

Herausgegeben von Josette Féral

JOSSI WIELER – THEATER

Mit der DVD der Inszenierung »Rechnitz (Der Würgeengel)«

Herausgegeben von Hajo Kurzenberger

DER VERWANDLER – KLAUS MICHAEL GRÜBER
Ein Bildband von Ruth Walz und Karl-Ernst Herrmann

NAHAUFNAHME
Stéphane Braunschweig – Gespräche mit Eberhard Spreng
Glenn Gould – Telefongespräche mit Jonathan Cott
Michael Haneke – Gespräche mit Thomas Assheuer
Robert Lepage – Gespräche mit Renate Klett, mit DVD
Alain Platel – Gespräche mit Renate Klett
Sasha Waltz – Gespräche mit Michaela Schlagenwerth
Stefan Wewerka – (Hrsg. von Wulf Herzogenrath und Alexander Wewerka) dt./engl., mit DVD
Robert Wilson – Lecture (Hrsg. von Jan Linders)

JENS ROSELT (Hg.)
Seelen mit Methode
Schauspieltheorien vom Barock- bis zum postdramatischen Theater

MELANIE HINZ/JENS ROSELT (Hg.)
Chaos und Konzept
Proben und Probieren im Theater
Mit der DVD »Der Hexer in Niedernhall«
von Gunther Merz

MIRIAM DREYSSE/FLORIAN MALZACHER (HG.)
Experten des Alltags
Das Theater von Rimini Protokoll

ANNEMARIE MATZKE/CHRISTEL WEILER/
ISA WORTELKAMP
Das Buch von der Angewandten Theaterwissenschaft

MICHAEL ROSSIÉ
Ruhe bitte! Wir proben!
Kleines Handbuch für Regieassistenten

ALAN AYCKBOURN
Theaterhandwerk
101 selbstverständliche Regeln für das Schreiben
und Inszenieren

KARIN GASSER/ARTAK GRIGORJAN
Augenblicke: Berufswissen des Schauspielers
Herausgegeben von Allan Janik

DECLAN DONNELLAN
Der Schauspieler und das Ziel
Ängste und Blockaden überwinden